La BRÚJULA de ADÁN

Eduardo ELMASIAN

PUBLICACIONES
C A S A

La brújula de Adán por Eduardo Elmasian
Publicado por Publicaciones Casa
Una compañía de Charisma Media
600 Rinehart Road
Lake Mary, Florida 32746
www.casacreacion.com

A menos que se indique lo contrario, el texto Bíblico ha sido tomado de la versión Reina-Valera © 1960 Sociedades Bíblicas en América Latina; © renovado 1988 Sociedades Bíblicas Unidas. Utilizado con permiso.

Otra versión utilizada es la Santa Biblia, Nueva Versión Internacional © 1999 por la Sociedad Bíblica Internacional. Marcada (NVI). Usada con permiso.

Las citas de la Escritura marcadas (RVR1995) corresponden a la versión Reina-Valera 1995 © Sociedades Bíblicas Unidas, 1995. Usada con permiso.

Las citas de la Escritura marcadas (RVC) corresponden a la versión Reina-Valera contemporánea® © Sociedades Bíblicas Unidas, 2009, 2001.

Diseño de la portada: Lisa Cox
Director de diseño: Bill Johnson

Library of Congress Control Number: 2012949219
ISBN: 978-1-62136-163-3
E-book ISBN: 978-1-62136-166-4

Impreso en los Estados Unidos de América
12 13 14 15 16 * 5 4 3 2 1

DEDICATORIA

*A todos mis discípulos, que me
han ayudado a izar las velas.*

*A mi esposa Cathy, por ser mi fiel
compañera de navegación.*

*A mi nieta Perlita por traer
tanta alegría a mi barco.*

Para Luis

Bendiciones para ti
y tu familia

AGRADECIMIENTO

*A mi esposa Cathy, que como siempre
me ayuda en la edición y me motiva
con sus sugerencias y desafíos.*

*A Emma Escamilla Schisler por su
trabajo incansable de dactilografía.*

*A mis hijas por su paciencia mientras
aprendo todavía a ser papá.*

*A todos los compañeros de
batalla que no se bajaron del bote
cuando arreció la tempestad.*

*A todos los que trabajan para Arca
Internacional, Fundación: Voz de
los Niños, Visión de Conquista
y Matrimonios en Armonía.*

*Gracias a todos por su
fidelidad y amor a Dios.*

TABLA DE CONTENIDO

PRÓLOGO

CREO QUE TODOS en alguna ocasión han vivido la experiencia de estar perdidos. Todo el cuerpo se enfría. Entramos en estado de tensión donde los pensamientos nos aterrorizan con la idea del peligro que representa no saber donde estamos ni hacia donde nos debemos dirigir. A eso se suma el no conocer a nadie para que nos guíe. Si se trata de una selva boscosa, no hay forma de salir de allí a no ser que hubiéramos tenido la precaución de llevarnos una brújula. Aunque no supiéramos el camino ni lo hubiésemos conocido anteriormente, la brújula nos informaría la dirección a seguir para ponernos a salvo y encontrar la salida. Según el diccionario *brújula* o *compás magnético* es un instrumento que sirve de orientación y que tiene su fundamento en la propiedad de las agujas magnetizadas. Por medio de una aguja imantada indica la dirección del campo magnético terrestre, apuntando hacia los polos norte y sur.

La mayoría de los hombres del mundo fuimos criados sin marcos de referencia para ubicarnos en la vida ya que nuestra formación no fue más lejos que la educación académica. La vida nos presenta muchas demandas, liderazgo y toma de decisiones donde necesitamos el discernimiento, sensibilidades especiales, madurez emocional y el conocimiento experimentado. Mientras más se preparan las mujeres y entienden sus derechos e igualdades en la comunidad, más son las presiones que los hombres tienen que enfrentar para los cuales no nos sentimos preparados.

Aquellos que quieren salir adelante y nos negamos a sucumbir ante la vida, tenemos que recurrir a esa brújula para encontrar dirección para sí y para los suyos. No hay muchos alrededor nuestro que han probado ser exitosos en los negocios de la vida familiar, por lo que se hace más difícil. Si somos ciegos no podemos pretender guiar a otro ciego y mucho menos a quienes saben para donde van como lo son la mayoría de nuestras esposas. Obviamente, el ingrediente imprescindible para dejarse guiar en la vida es la humildad para no resistir los procesos donde seremos confrontados con verdades que duelen. Aquí es donde todos tenemos que renunciar al germen emocional del narcisismo, este es uno de los temas magistralmente manejados por el Dr. Eduardo Elmasian en este libro.

Unos más que otros, pero todos tenemos que reconocer cuando este "síndrome" quiere tomar dominio de nuestras actitudes; que si lo permitimos, nos llevará al fracaso o al dolor. Sí, porque hay quienes el dolor los lleva a doblegarse ante un proceso de aprendizaje, pero se puede evitar el estrés si hubieran asumido la actitud humilde correspondiente. El pastor Eduardo Elmasian es un hombre de Dios, fiel y leal como no he conocido a nadie antes. Un siervo de Dios marcado por el sello de un avivamiento espiritual que protagonizó cuando todavía era muy joven. A través de los años su visión y pasión por Dios y por su Iglesia ha crecido, al punto que nada lo hace "reducir su velocidad". Cuando otros están considerando el "retiro", Eduardo y su esposa Cathy siguen sin descanso plantando iglesias y educando al Cuerpo de Cristo dentro y fuera de sus congregaciones. Estos años de ministerio hacen que sus consejos y enseñanzas sean de mucho fundamento y autoridad. No solo es pastor, es consejero familiar y maestro. Por eso puede ministrar en todas las áreas del discipulado cristiano: en lo teológico, ministerial y vida familiar.

Este libro pone una herramienta de formación en las manos de los hombres. Aquellos que necesitan conocer el balance de la sabiduría que hace de los líderes, los siervos de Dios que prevalecen a través de los tiempos, éste es el libro que deben leer. Prepárense para ser confrontados con verdades que les harán libres, no sólo de aquellas cosas obvias que no hace falta leer un libro para saberlo, sino de elementos que están profundamente arraigados en el corazón que sólo un cirujano emocional dirigido por Dios puede tocar con mucha delicadeza y firmeza a la vez. ¡Ese es mi amigo Eduardo! Gracias por darme el privilegio de escribir el prólogo de esta obra.

—REY MATOS
PASTOR DEL MINISTERIO CRISTIANO CATACUMBA 5
DE MAYAGÜEZ, PUERTO RICO
AUTOR DE *SEÑOR, QUE MIS HIJOS TE AMEN,*
LA MUJER, EL SELLO DE LA CREACIÓN Y
CUANDO EL SEXO NO ES SUFICIENTE

INTRODUCCIÓN

L A MAÑANA ERA fresca, serena y cargada de la presencia de Dios. Entre las flores que destilaban su aroma, los colibríes hacían su paso fugaz. El canto de los pájaros corría el telón de la noche y el sereno matutino se esfumaba lentamente. El jardín del Edén se engalanaba con la visita del Creador, ¡todo cobraba vida! ¡Todo tenía sentido! En esa alborada Adán no salió a recibirle, algo no era igual. La risa alegre del viviente humano no se escuchó en ese amanecer entre las cascadas cristalinas. Adán no se dejó ver a la hora esperada, hoy no vendría a la cita.

De pronto, Dios llamó a Adán: "¿Dónde estás?". Con voz sollozante y agónica Adán contestó: "Perdí la brújula; no sé cómo llegar a ti, ya no soy igual, perdí la inocencia". El diálogo continuó con un énfasis confrontativo de parte de Dios y con la intensión de evasión que Adán comenzó a pintar. Entonces la conversación se tornó incisiva y directa; otra vez la voz del Padre celestial intenta que su hijo asuma su responsabilidad. "Adán, tú eres el líder, ¿comiste del fruto?". Rápidamente Adán tiró la pelota hacia el campo divino. "La mujer que tú me diste. Tú eres el culpable, yo no la pedí, tú la formaste".

Estas son las palabras de un líder que abandonó su brújula. Las consecuencias fueron fatales, la pareja fue expulsada del vergel. El Edén fue para siempre clausurado y el hombre comenzó a vagar sin el tesoro más precioso que tenía en el huerto, la presencia de Dios.

El líder que Dios había formado fracasó; tiró por tierra todo el plan celestial y aparentemente este era el final. Desde ese día nadie vería a Dios cara a cara o moriría. Se quebró aquella comunión tan íntima del jardín, el pecado y la desobediencia pusieron un velo entre el cielo y la tierra.

Cuatro mil años después en una fresca mañana, las manos heridas de un carpintero encontraron la brújula perdida de Adán. Una tumba helada cedió paso al Cordero inmolado de Dios; también esa madrugada aquel jardín que fue un mudo testigo de la resurrección de Cristo se vistió de gala. Esta vez la brújula no se extraviaría, el Hijo la llevó al seno del Padre. Se la mostró al Creador como un trofeo. El velo del Edén se disipó y los hombres recuperamos la presencia de Dios.

—Eduardo Elmasian

CAPÍTULO 1

SE PERDIÓ LA BRÚJULA

*El suave soplo del aliento divino acaba de posarse sobre
una figura inmóvil de barro. De pronto, la obra maestra
del Creador se transforma en un alma viviente. Era
el sexto día de la creación y el gran YO SOY quedó
satisfecho con su representante (basado en Génesis 2:7).*

DIOS CREÓ AL hombre a su imagen y semejanza. ¡Qué frase más contundente, desafiante y casi inexplicable! Es así especialmente cuando nos miramos en el espejo y nos preguntamos, ¿qué pasó? Definitivamente la imagen de Dios está bastante distorsionada en los que hoy le representamos. Sabemos que todo empezó en el jardín del Edén donde el pecado hizo su incursión abruptamente y se radicó para siempre en el corazón de los hombres. Las generaciones posteriores a Adán fueron desfigurando aún más la sustancia divina de esa imagen eterna que el Señor compartió con el hombre. No podemos definir con exactitud cómo era el hombre antes del fracaso del pecado, pero creo que Dios le entregó muchos de los atributos que reflejan el carácter y las virtudes del Creador.

EL LÍDER DEL HOGAR

Al analizar el libro de los comienzos, primordialmente nos llama la atención que Dios realizó una labor única con el hombre. Ningún otro ser en la tierra tuvo tanta intervención celestial como el hombre. Dios formó al varón con sus propias manos y sopló de su aliento para darle existencia y luego, formó a la mujer que proviene del material ya confeccionado llamado varón. Otro punto muy destacable es que Dios sopló de su aliento sobre el hombre, no sobre la mujer, ni ninguna otra creación existente.

Este trabajo de Dios en Adán demuestra claramente el sentido y propósito del liderazgo que Dios le entregó al varón. El hombre tiene sobre sí la responsabilidad y el privilegio de ejercer ese liderato en la tierra. Ese liderato comienza en el hogar con la esposa y los hijos.

El problema comenzó en el Edén

Eva cayó en pecado por tomar el lugar que le correspondía a Adán, que era el de tomar las *decisiones direccionales* en el matrimonio. Esas decisiones no tienen nada que ver con el diario vivir en lo cual la mujer tiene una capacidad más que sobrada para desenvolverse. La dirección que Eva tomó en el jardín, determinaría el curso de su familia en el área más importante de todas: el *destino espiritual*. Podemos asumir que Eva no sintió la necesidad de consultar esta decisión tan importante con Adán. La razón fue quizás porque perdió la confianza en su marido, o no pensó que este podría estar acertado en su decisión para determinar el futuro que ella quería tomar; o simplemente no supo cómo resistir la tentación al estar sola.

Antes de mandar a las "Evas" a la silla eléctrica, los "Adanes" deben preguntarse: por qué esta mujer tan virtuosa tomó el lugar que no le correspondía y provocó semejante desastre.

"Aunque el hombre comparta el timón, ¡no debe jamás abandonar la brújula!".

La historia revela fielmente de que han existido en todas las épocas mujeres de gran capacidad directriz, pero nada como las Escrituras para ayudarnos a entender que en el matrimonio, cuando el hombre abandona su posición de vanguardia, la mujer se siente obligada a tomar la delantera para llenar el vacío que este deja.

Creo que el problema más grande de Adán fue el perder liderato en el Edén y eso se reflejó en la actitud que posteriormente asumió Eva. Diariamente surgen oportunidades para que el varón se convierta en ese individuo tan importante el cual es ser un verdadero líder para su familia. Aunque el hombre comparta el timón, ¡no debe jamás abandonar la brújula! De esta manera no dará ocasión al enemigo y, entonces, la mujer y los hijos estarán bajo un manto de protección.

Cabe aquí la aclaración (antes que alguien esté pensando que se está manejando un concepto "machista") que no se está disminuyendo la importancia de la mujer frente a Dios o la sociedad. Tampoco se está intentando minimizar su potencial ni sus virtudes, sino que la meta es establecer la diferencia de roles y recargar sobre el hombre la responsabilidad de conducción y de tomar decisiones. Recuerden que Eva cometió el error cuando estaba sola. (Esto difiere para las mujeres que están solas por causa de abandono o divorcio. Para aquellas que la vida las ha dejado solas, les animo a buscar un buen consejero o pastor que les pueda ayudar en este tema tan sensible.)

Por supuesto, la esposa debe estar involucrada en las decisiones de la familia con su intuición, sus opiniones y comentarios. El varón, líder del hogar, no anula a su compañera sino que sabe incluirla y valerse de todos los recursos que Dios le ha dado, incluyendo su perspectiva de mujer. En mi propio hogar este concepto ha sido de gran beneficio como una "red de seguridad", aunque en ocasiones tuve que aprender paciencia al esperar que ella también *encontrara su paz* en ciertas decisiones. Así que, en mi caso, al tomar la decisión final acerca de algo importante para nuestras vidas, tuve la paz y confianza que mi esposa estaba conmigo al ciento por ciento. *Tomar mi lugar* como varón, líder del hogar, significa también que respeto el lugar que mi esposa tiene y todas las capacidades con que Dios la dotó como mujer.

Sin embargo, en este concepto de liderato, debemos recordar el mandato divino para el hombre: *Por tanto dejará el hombre a su padre y a su madre, se unirá a su mujer y serán una sola carne* (Génesis 2:24). Este versículo nos señala claramente la necesidad que tiene la mujer y es que su marido la cuide y proteja espiritual y emocionalmente en el núcleo familiar. Esto incluye ahuyentar la soledad, asumir la conducción del nuevo hogar donde el varón se constituye en líder y a esto se le suma la sensible y delicada tarea de decidir correctamente.

Esto parece muy fácil decirlo, pero no es tan sencillo

practicarlo. El poder decidir acertadamente es una escuela de aprendizaje que lleva tiempo y paciencia. ¡Créalo o no! unas de las maneras más rápidas de aprender es cometiendo errores. A nadie le gusta cometer errores principalmente porque nuestros seguidores pierden confianza en nuestra habilidad de liderar, pero la verdad es que es el maestro más efectivo. Se aprende de los errores únicamente si vemos claramente lo que nos hizo fracasar. Si admitimos nuestras faltas y nos humillamos, el fracaso se convierte en victoria e increíblemente aumenta la prontitud de nuestra aprobación ante Dios y la gente.

Hay maneras de evitar el desacierto y creo que la más segura es cuando un varón sabe escuchar la voz de Dios. Para escuchar al Espíritu Santo hay que primero reconocer todas las voces que puede fabricar el alma. Esas voces pueden venir de las emociones, los conceptos de una voluntad no rendida a Dios y del medio ambiente educativo que nos enseña a tener "sentido común".

"Hay una gran diferencia entre ser un jefe y ser un líder".

Cuando aprendamos a diferenciar estas voces y sinceramente deseamos escuchar la voz del Señor, el mismo Espíritu Santo nos guiará a toda la verdad. Es bueno recordar que el Espíritu Santo no está divorciado de su Palabra, ya que algunos alegan haber escuchado a Dios, pero su decisión es contraria a la palabra escrita.

La segunda manera es rodeándose de gente sabia que ha recorrido el camino de la decisión y lo han hecho de manera correcta. Dije "sabia", pero no digo anciana o joven.

La sabiduría habita con las personas que temen a Dios. He sido grandemente bendecido al estar rodeado de hombres y mujeres sabios en mi vida. Creo que de joven fui muy necio y estas personas me ayudaron a equilibrar mi caminar. Siempre busque esas personas que enriquezcan su vida y es aún mejor si puede encontrar a su mentor entre ellos.

Hay una gran diferencia entre ser un jefe y ser un líder. Muchos esposos y padres asumen la posición de jefe en el hogar y olvidan el llamado que Dios les dio de liderar. Un jefe cumple una función por la cual recibe una remuneración. Cuando el jefe termina un trabajo o un contrato estipulado puede renunciar a su trabajo y continuar con otra tarea en la vida, pero el líder (esposo y padre) no puede apartarse de su objetivo ni de sus seguidores hasta que todos completen el propósito y la visión que mueve el hogar.

Muchos han definido liderato como *una persona que tiene seguidores*, pero hay que agregarle a este concepto que el *liderato es servicio*. En el año 1972 escribí un libro en el cual cité una frase que se transformó en un eslogan en nuestras congregaciones: "El que no sirve no sirve". ¡Es que el servicio es uno de los ingredientes más contundentes del liderato! El liderato no es solo dar órdenes, pero es demostrar con el propio ejemplo cómo se hace el trabajo. Liderato no solamente informa sino que siembra ejemplo.

Hace 34 años en mi casa adopté el trabajo de ser el basurero de mi hogar. Es decir, saco fielmente la basura de la cocina a los botes de la basura y los botes los coloco en la calle para que el colector de la basura se los lleve. Aparte, busco como servir en las cosas del hogar para poder sembrar un concepto importante el cual es: "liderar es servir".

Mis tres hijas tienen cualidades de liderato, y he notado que en sus trabajos siempre avanzan rápidamente a posiciones de responsabilidad. Ellas ganan la confianza de sus jefes y son recompensadas con importantes posiciones. Cuando me he encontrado ocasionalmente con sus jefes, siempre dicen lo mismo: "Ellas sirven de corazón". Entonces "el basurero" de la casa está satisfecho. Son las pequeñas actitudes de servicio que siembran el camino al éxito de la vida.

Jesucristo, el gran líder mundial, lo demostró fehacientemente cuando expresó: "Yo no he venido a ser servido sino a servir". En sus últimos días en la tierra, sembró el concepto de tal manera que cuando los discípulos estaban preocupados por posiciones políticas, Él tomó el lebrillo y la toalla, y lavó los pies de sus seguidores.

Volviendo al libro de los comienzos, en el jardín del Edén algo trágico aconteció con la posición de liderato que Dios le entregó a Adán. Esto se vio más acentuado cuando Adán no ofreció mucha resistencia al participar de la decisión que su esposa tomó. *La mujer vio que el fruto del árbol era bueno para comer, y que tenía buen aspecto y era deseable para adquirir sabiduría, así que tomó de su fruto y comió. Luego le dio a su esposo, y también él comió* (Génesis 3:6, NVI).

Evidentemente, a ese punto, Eva mantuvo el control de esa conversación y usó una de las habilidades que las mujeres llevan innatas: el poder de convencimiento. La mujer puede convencer al hombre para bien o para mal. Quizás mi experiencia personal me acredita para decir esto. En mi niñez mi influencia mayor fueron mi madre y mi abuela; mi esposa ha sido una influencia positiva invalorable en mi vida, luego fui padre de tres hijas y ahora soy abuelo de mi primera nieta. ¿Me cree?

El hombre debe estar consciente que la mujer posee un don de convencimiento mayor que el del hombre. Estos personajes bíblicos confirman este hecho: Jezabel convenció a su esposo para que hiciera el mal y logró casi el exterminio del pueblo judío. Herodías convenció a su hija, la cual convenció a Herodes y así logró la muerte de Juan el Bautista. En mejor luz tenemos a Ester que arriesgó su vida y convenció al rey Asuero para que no exterminase a su pueblo. Abigail es otro caso de persuasión positiva cuando corrió al encuentro de David que en su furia venía para matar a su esposo. Esta sabia mujer escogió las palabras justas para aplacar la ira de David y enfocarlo en los caminos de Dios.

Las mujeres deben poner al servicio de Dios y la familia ese don de convencimiento. El equipo familiar será grandemente beneficiado cuando las mujeres aprenden a tener esa habilidad bajo el control del Espíritu Santo, no dando lugar a la manipulación o a la astucia desenfrenada que tanto daño causó en la historia de la humanidad. Un corazón como el de Ester y Abigail es absolutamente necesario en esta generación para ser la verdadera ayuda idónea que los hombres necesitan. Por otro lado, los hombres necesitamos suficiente humildad para que el aporte de esta clase de mujeres enriquezca nuestro sentido espiritual.

EL LIDERATO DA MIEDO

Creo que todo líder en algún momento ha sentido miedo de ocupar su posición de liderato. En mi caso ha sido un sentimiento familiar. Entiendo que mis aciertos van a contribuir al bienestar de los que me rodean, y mis errores pueden perjudicar a aquellos que me miran como un ejemplo. Lo que he aprendido es que cuando una persona está llamada a este trabajo de liderar no tiene la opción de escapar de su responsabilidad; además, cuando te escondes siempre te encuentran y las renuncias no las escucha nadie. Varón, ¡tú has sido llamado a ser un líder y no puedes evadir esta verdad! Dios se complace en verte funcionar en tu posición.

La mayoría de los varones nos identificamos con la historia bíblica de Gedeón; quien fue un hombre que tuvo temor de abrazar su rol de líder. En el libro de Jueces se encuentra este claro ejemplo: Gedeón fue llamado por Dios para ser un líder nacional. Él jamás pensó en ser "el elegido". Por lo contrario, puso muchas excusas ante al ángel del Señor que le comisionaba. Él necesitó confirmaciones y señales que el mensajero estaba muy dispuesto a contestar y afirmar para que este hombre se animara. Gedeón tenía miedo, igual que usted y yo. Sin embargo, este varón aprendió a caminar el valle del liderato aun teniendo más dudas que fe. Con razón, después de su encuentro con el ángel del Señor, edificó su primer altar y lo llamó *al Dios de Paz*. En ese altar Gedeón dejó algo de él y se llevó algo de Dios; cambió su temor por el respaldo y la afirmación de Dios. Todo líder, varón, esposo, padre tiene que edificar el altar de paz al cual puede volver tantas veces como lo necesite.

Gedeón se sanó después de aquel encuentro con el Ángel de Jehová y el espectro del temor comenzó a esfumarse. Desde ese día encontramos a un nuevo Gedeón, aguerrido, decidido y que no cuestiona a Dios. Evidentemente, cada vez que nos encontramos con Dios y su Palabra, la crisis del temor disminuye y desaparece. Cuando Dios depura el ejército de Gedeón, apunta al mismo mal que su líder tenía antes del encuentro angelical. *Así que habla fuerte para que el pueblo escuche, y diles que quien tenga miedo, que se levante y regrese a su casa. Y desde el monte de Galaad se regresaron veintidós mil hombres, y sólo se quedaron diez mil* (Jueces 7:3, RVC). Dios les dio permiso a 22 000 hombres miedosos para volver a sus casas y no salir a la batalla. Luego, redujo el grupo de 10 000 a trescientos, los cuales estaban preparados para mirar a su líder e imitarlo.

HOMBRE DE PUNTA

Todo varón debe ser un *hombre de punta*. Ese término es muy conocido en la guerra. He tenido oportunidad de hablar con veteranos de la guerra que me enseñaron acerca del término *hombre de punta*. Uno de ellos dijo que era una posición terrible, ya que el hombre de punta es responsable por todo el pelotón que le sigue. Él debe cuidar de ellos y de sí mismo. Este soldado camina aproximadamente a treinta o cuarenta metros de distancia frente a sus compañeros y tiene la responsabilidad de detectar al enemigo, conducir a los que le siguen por caminos seguros, comprobar que no hay minas o explosivos al paso y asegurarse de que no lo descubran sus contrincantes.

> *"En la guerra de cada día, en una sociedad en decadencia, usted, varón, papá, es el hombre de punta".*

Este combatiente con quien hablé, también me compartió que una expedición es sumamente riesgosa y está cargada con el peso de la responsabilidad. Sin embargo, al llegar al destino estipulado sin perder ningún compañero, se le llenaba el corazón de un sentimiento indescriptible por haber cumplido con éxito su misión. En la guerra de cada día, en una sociedad en decadencia, el varón, el papá, es el hombre de punta.

En el libro de Rut encontramos una historia que nos enseña lo que un hombre de punta *no* debe hacer. Elimelec, el padre y esposo de este hogar, dejó la tierra de Belén (significa "casa de pan") debido a una crisis financiera, un problema de hambre o sea, una falta de bienestar personal. La voluntad de Dios para nosotros, los varones, no es correr lejos de los problemas sino vencer los problemas. Dios nunca le indicó a Elimelec que dejara el lugar de su perfecta voluntad para buscar una salida rápida y *aparentemente* efectiva. Debemos comprender que Dios tiene sus tiempos, sus estaciones de bendición y abundancia y también de sequía y de silencio. Esto no sólo se aplica a lo material sino también a lo espiritual.

> *"Varones, el liderazgo es delicado, pero, a la vez es una gran oportunidad para descubrir el carácter, propósito y plan de Dios para su vida y familia".*

En el tiempo de sequía, hambre y silencio Dios está preparando el corazón de sus hijos para la próxima bendición. Las bendiciones de Dios siempre escalan en calidad y cantidad; por lo tanto el hombre debe ser preparado para la próxima parada que es diferente a la última. Elimelec se fue de la voluntad de Dios. La Biblia nos dice que este líder murió y los dos hijos Mahlón y Quelión siguieron por el mismo camino y también perecieron. El impacto del liderazgo errado de Elimelec cargó sus consecuencias sobre la generación de sus hijos. El resultado fue devastador para la familia porque los varones líderes fueron tragados por la irreversible realidad de la muerte. *Porque la paga del pecado es muerte* (Romanos 6:23). Estar liderando sin o fuera de la voluntad de Dios puede ser catastrófico.

En Rut 1:22, se aclara la vida nebulosa que tenía esta familia. Noemí, sin marido y privada de sus hijos, vuelve a Belén, a "La casa del pan", a la voluntad de Dios; y llegan justo al comienzo de la ciega de la cebada. La cosecha, el pan, la prosperidad que fueron a buscar a otros lados los estaba esperando en su propia casa. Cada vez que volvemos a la voluntad de Dios, nos esperará una cosecha. Varones, el liderazgo es delicado, pero, a la vez es una gran oportunidad para descubrir el carácter, propósito y plan de Dios para su vida y familia. Lo que Adán perdió en el jardín del Edén, Cristo lo retornó para nosotros. La puerta está abierta. ¡La oportunidad está a nuestro alcance! ¡Cumplamos nuestra función! Tomemos el lugar que Dios mismo diseñó para nosotros: líderes de nuestros hogares.

CAPÍTULO 2

HACER CAMINOS

Los discípulos trataban de mantener el altercado oculto para que el Maestro no lo percibiera, sin embargo, la impaciencia de los papás se hizo cada vez más notable. Jesús se acercó para calmar los ánimos y ponerle fin a esa atmósfera convulsiva.

Los principales como Pedro, Juan y Jacobo trataron de explicarle al Señor que los padres traían a sus niños para ser bendecido, pero no entendían que no debían molestar a Cristo con pequeñeces. La respuesta de su Líder, los dejó sin palabras. "De estos niños es el Reino de Dios. Aprenden de ellos, si quieren participar en mis menesteres. Mantengan una actitud inocente y sencilla como ellos. ¡Dejen que los pequeños vengan a mí y no se los impidan!" La sonrisa de los padres no se hizo esperar mientras Jesús tiernamente cobijaba a sus hijitos en sus brazos bendiciéndolos (basado en Marcos 10:13-16).

AL ESCRIBIR SOBRE el tema de la paternidad me ruborizo al pensar en la cantidad de errores que he cometido; si pudiera empezar de nuevo con la experiencia de ser papá por más de treinta años, haría muchas cosas diferentes.

Recuerdo cuando una de mis hijas tenía tan sólo un año de edad, nos encontrábamos en la parada de autobús cuando ella encontró una moneda de un centavo en el piso. Por supuesto, su mamá y yo nos pusimos nerviosos de que ella jugara con una moneda que se pudiera tragar. ¡Entonces entró la autoridad paternal! Claro, yo era papá por primera vez y con altos ideales de que mi hija iba a ser la más perfecta del planeta, la más inteligente, la más hermosa, la más, la más…¿Verdad que sabe de lo que estoy hablando? Sobre todo, la más obediente, y de esto se trata este asunto de la moneda. Yo quería que ella me obedeciera al primer mandato, porque yo creía ser un padre ejemplar, capaz de enseñarle a todo el mundo lo que es tener una hija obediente.

En esa parada de autobús no había nadie más que nosotros, pero para mí, el mundo entero estaba en la tribuna contemplando lo que este "gran hombre" estaba por hacer. Con voz apacible y mirándola a sus ojitos color cielo le dije "Hijita, me das esa moneda". Ella me miró fijamente a los ojos y con increíble resolución me dijo: "No". Esto no estaba en los planes de este ambicioso y orgulloso padre. Tratando de frenar el calorcito que subía por mi cuello ante la mirada de su madre, volví a repetirle enfáticamente y con voz de caudillo: "¡Dame la moneda ahora!". A lo cual ella respondió moviendo su cabecita negativamente y cerrando fuertemente su manecita, la colocó en su espalda para esconderla de mi vista. ¡Eso sí que se puso pesado! "Pues tendrás que aprender la lección con dolor", dije para mis adentros y tomando su manecita la pegué fuertemente. El llanto no tardó en manifestarse. ¡Ahora sí! ella entendería la necesidad de obedecer a su papá y con voz subidita de tono le dije: "Dame la moneda". Ella, mirándome a los ojos, me dijo: "No". Volví a repetir la fórmula tres veces sin obtener ningún resultado; ahora, el que lloraba era yo.

No se cuantas cosas pensé. Entre ellas: "¿A quién se parece esta niña?" (La respuesta; ¡no es conveniente!). En mi desesperación tomé su mano por la fuerza y abrí sus deditos y le extraje esa moneda odiosa. Yo creí que todo terminó allí, pero algo pasó, algo que no estaba jamás en mis planes. La imagen distorsionada del Padre celestial había sido pintada por un papá perfeccionista. Podía haber recurrido a tantos otros métodos para recuperar esa monedita, pero quería hacer valer mi flamante autoridad paternal.

Mi hija, hoy, es una persona adulta con tantos dones y un corazón muy lindo para Dios, pero ha tenido que luchar muchas veces con el sentimiento de que Dios se olvida de ella y que Él no le da las cosas que desea. A pesar que yo soy su consejero y que he tratado de borrar esa imagen negativa del Padre celestial, siento culpabilidad por haberle presentado a mi hija la imagen de un papá tirano, estricto e irrazonable. ¡Como quisiera volver a ese día y tragarme yo mismo la moneda! Lo bueno es que obtuve el perdón de mi hija y también del Señor.

QUEBRAR EL MODELO ANTERIOR

Los padres podemos ser un camino para que nuestros hijos conozcan a Dios o podemos ser piedra de tropiezo. Jesús dijo: "No impidáis a los niños venir a mí". Nuestros ejemplos hablan más que mil palabras. Las actitudes y palabras hacia ellos pueden traerlos a Dios o alejarlos de Él.

Para guiar a los hijos por el camino del bienestar total se requiere más que amor y sabiduría. Los padres deben entender que la disciplina es un elemento fundamental en la formación de los pequeños. Muchas veces me preguntan si el castigo corporal es necesario; entiendo que este tema es muy controversial en nuestro mundo moderno, pero si la Biblia habla de esto, no se puede ignorar este asunto. Mi postura en cuanto a esta materia es que la disciplina corporal debe ser un recurso de excepción y no una regla inmisericorde. La manera como la aplicamos debe ser con amor y firmeza, pero sin cólera para que los efectos sean bienhechores y no dañinos.

En mi propio caso, creo que tuve algunos castigos un poco exagerados de parte de mi padre, pero al contar esto, quiero aclarar que hablo de mi padre con respeto y que he perdonado en mi corazón todas aquellas cosas que fueron una piedra de tropiezo para mí. Si yo hubiese crecido bajo las mismas circunstancias que mi padre enfrentó, sumada a las pocas oportunidades de educación y combinadas con muchos problemas de crianza, estoy seguro que hubiese estado en peor condición que él. Agradezco que Dios me rescatara a temprana edad. En la familia cristiana encontré nuevos modelos paternales que corrigieron las impresiones negativas de mi niñez. Mi padre me dejó buenos ejemplos que permanecen conmigo hasta hoy, pero siempre dije que nunca quisiera ser como él en cuanto a sus convulsiones de ira y los resultados infortunados sobre mi persona.

Mi padre no me pegó muchas veces, pero las recuerdo claramente. El abuso físico y verbal dejó heridas sangrantes que me costaron años en sanarlas. Además, debido a su negocio la relación que sostuvimos en los primeros años de mi vida fue muy lejana y superficial. Esto creó en mí un foco de inseguridad. También, el hecho de que nunca me haya abrazado, ni me haya besado, que jamás me diera una explicación del porqué de los golpes, fueron perturbando mi vida hasta que el odio se anidó en mi corazón. Cuando me entregué a Cristo, mi vida cambió y pude perdonar a mi padre, pero la sanidad de las heridas fue un proceso lento.

Las vivencias y traumas que los niños tienen antes de los siete años de edad marcan el rumbo de sus vidas como adultos. ¡Yo tenía en mi haber suficiente para sanar por el resto de mi vida! Lo que más me dolió de mi padre fue que nunca verbalizó su arrepentimiento. La palabra *perdón* me hubiese acortado el dolor y la amargura. Esta palabra sagrada "perdóname" dicha con sinceridad puede remendar muchos puentes quebrados.

Tengo otra hija que se parece a mí en muchas áreas; cuando ella tenía aproximadamente trece años de edad sucedió algo que marcó mi vida. Mi esposa y yo estábamos teniendo un momento de intensa discusión y ella se paró frente a mí y con su dedito en mi rostro, me dijo que no tratara así a su mamá. El tono de su voz no era nada amable, tampoco el mío con su mamá. Rápidamente le hice entender el rango de autoridad con el que estaba tratando y que ese no era asunto de ella. Todo escaló súbitamente y los decibeles aumentaron rápidamente de nivel. Este "jefe" no iba a permitir que esto quedase de esta manera. Entonces, le di unos buenos sacudones y empujándola de mi paso, me abrí camino hacia la calle, dejando bien claro quien era el más fuerte y ¡que a nadie se le olvide! Todavía con la ira circulando en mis venas me dirigí a un parque cerca de mi casa, de pronto la voz de mi conciencia me dijo suavemente: "Te felicito, Eduardo, ya te pareces a tu papá". Bueno, sentía que se me acababa el mundo. Eso era lo que no quería ser, pero dentro de mí vivía un ser iracundo. La impotencia que sentí en aquel momento era aterradora. Lo que tantas veces critiqué y señalé en mi padre lo podía ver en mi propia vida.

> *"Los padres podemos ser un camino para que nuestros hijos conozcan a Dios o podemos ser piedra de tropiezo".*

Aquella tarde debajo de un frondoso árbol derramé lágrimas de dolor, vergüenza y genuino arrepentimiento delante de Dios. De pronto vi la mano del Carpintero de Nazaret que me acercó la brújula que se había perdido en el empujón que le di a mi hija. Me aferré de ese compás y lo volví a meter rápidamente en mi corazón. Mientras volvía a mi casa me sentía terriblemente avergonzado por lo que había hecho, pero no había más remedio que enfrentar a una hija dolida y herida. Ella me perdonó al ver mi profundo dolor; su corazón noble quería recuperar a su papá y yo quería recuperar a mi hija.

Esa experiencia me llevó a enfrentar con más firmeza a ese individuo genioso que vivía dentro de mí. Aprendí que la fuerza no soluciona los problemas y que cuando la usamos irasciblemente, lo único que estamos haciendo es convertirnos en piedras de tropiezo para nuestros hijos.

EVITAR LAS MALDICIONES

La palabra de Dios habla de una maldición que se produce con el distanciamiento entre padres e hijos. *Él hará volver el corazón de los padres hacia los hijos, y el corazón de los hijos hacia los padres, no sea que yo venga y castigue la tierra con maldición* (Malaquías 4:6). Las familias pueden vivir bajo el mismo techo, los esposos duermen en la misma cama, sin embargo, en muchos hogares los corazones están a kilómetros de distancia. ¿Qué los apartó? Generalmente son una serie de hechos que al sumarlos iguala a la ruptura de la confianza. Los esposos viven con limitada confianza entre ellos, del mismo modo acontece entre los hijos y sus padres, esto finalmente repercute entre hermanos.

La familia debe de ser como un muro de contención contra el mal. Cuando se pierde la unidad se producen fisuras en el muro, y si no se arreglan pronto, tendremos un muro lleno de agujeros y grietas por donde se filtran los enemigos. Cuando esto sucede puede entrar algún tipo de maldición en la casa; el enemigo comienza a compartir el hogar y pronto tendremos consecuencias lamentables. El mensaje que el ángel le da a Zacarías acerca del ministerio de su hijo, Juan el Bautista, dice: *E irá delante de él con el espíritu y el poder de Elías, para hacer volver los corazones de los padres a los hijos, y de los rebeldes a la prudencia de los justos, para preparar al Señor un pueblo bien dispuesto* (Lucas 1:17). Siempre fue la intención de Dios que la relación familiar estuviese en el punto máximo de salud, especialmente los padres deben ser camino hacia Dios para sus hijos y no piedra de tropiezo.

LA CONFIANZA, UN TESORO PERDIDO

La desconfianza se va trepando en los niños como una enredadera; lentamente hace su camino y una vez formada, es muy difícil de podarla. Los niños no tienen la habilidad de transmitir o comunicar estos sentimientos de desconfianza. La razón es que en determinado momento los sobrecoge el temor, la vergüenza y la culpabilidad que los encierra en un mutismo inexplicable.

Es por esto que los padres deben trabajar constantemente en ayudarlos a abrir esa cajita secreta que los niños poseen como un mecanismo de defensa. Lo triste es que la mayoría de los papás no nos percatamos de esas situaciones y no tomamos tiempos especiales para revisar el estado de las emociones de nuestros vástagos.

> *"La familia debe de ser como un muro*
> *de contención contra el mal".*

Estos sentimientos que los niños llevan en sus corazones no son aislados ni escasos; sino son más bien la acumulación de condiciones no expresadas que luego aparecen como quejas, rebeliones y actitudes de independencia que florecen en la adolescencia. Esas protestas se manifiestan en la vida adulta a través del dolor y la baja estima.

Al ver este cuadro, no nos queda más que comenzar a trabajar. En algunos casos el trabajo será de *reparación* y en otros de *prevención*. En ambas eventualidades los papás deben estar armados de sus mejores recursos, incluyendo la información sobre el tema y el conocimiento para ser sanadores efectivos. Uno de los recursos más poderosos es la palabra *perdóname,* que cuando es dicha con sinceridad y convicción, produce un efecto sanador y reparador en el corazón de los hijos. A la palabra perdón hay que agregarle una gran cuota de paciencia, ya que no en todos los eventos se producen efectos instantáneos de reconciliación. En algunos casos se lleva más tiempo porque son heridas muy profundas. Sin embargo, los padres deben perseverar con una actitud correcta hasta que se vean cambios reales en el corazón de sus hijos.

Algunos años atrás, vino a mi consultorio un tal Don Facundo, quien había abandonado su hogar hacía dos años por problemas de violencia doméstica. Lo recuerdo porque traía un golpe en su rostro. Cuando le pregunté de qué se trataba su moretón me confió que se había tomado a golpes con su hijo mayor. Mientras él estuvo ausente del hogar, los niños habían crecido en todo sentido. Su hijo mayor ahora tenía dieciocho años de edad, y llevaba un cúmulo de recuerdos y sentimientos en contra de su padre. Él se acordaba de los episodios de dolor por los cuales su madre atravesó en manos de un esposo iracundo. Definitivamente, ¡Junior no permitiría que esto sucediera otra vez! Cuando don Facundo volvió sólo avisó que estaría de vuelta en tal fecha, pero no pidió permiso, sino que se abrió paso como si nada hubiera pasado en los años anteriores.

"La confianza se construye a través de una vida, pero puede perderse en un instante".

Facundo ya había asistido a todos los programas para prevenir la violencia doméstica, entonces se sentía seguro de no cometer errores al volver a su casa. El problema fue que sus hijos y su mujer no le tenían confianza. La confianza no es automática. La confianza se construye a través de una vida, pero puede perderse en un instante. Esto no estaba en los cálculos de Facundo y después de dos días en la casa y al primer desacuerdo, su hijo usó la fórmula que bien aprendió de su padre. Ahora Facundo estaba frente a mí derrotado. Me preguntaba que es lo que había hecho mal.

Para el caso de Facundo y otros de menor envergadura,

aplica la palabra la cual mencione: *perdóname*. El asunto es que en muchas ocasiones se trata de usar esa palabra como un remedio instantáneo. La clase de perdón que Facundo necesitaba significaba, "Puedo creer en ti", y esto no estaba en la mente de la familia. Finalmente se convocó a una reunión solemne, y con muchas lágrimas y una actitud de contrición, Facundo pidió perdón de una larga lista de elementos que hirieron a su familia y le habían hecho perder la confianza tan preciada. Junior fue el último en sanar; hoy la familia camina unida, la tormenta cesó, pero Facundo jamás olvidará que la confianza es un tesoro que debe ser cuidado cada día con una actitud responsable.

Para los casos como los de Facundo, los de usted y los míos, que hemos dejado algunos puentes deteriorados y peligrosos de transitar; quiero decirle que hay esperanza. Entendamos que los elementos de la reparación están disponibles. Con humildad, aceptación de nuestros errores y la verbalización de un perdón sincero, tendremos los recursos para enmendar lo quebrado.

El terreno de la vida está preparado para que los padres seamos para nuestros hijos un camino hacia Dios.

CAPÍTULO 3

ESTÁ FALLANDO EL ENGRANAJE

El padre no pudo cerrar nunca más aquella ventana de la
planta alta. En su retina estaba clavada la imagen de su
segundo hijo alejándose con determinación. Cada mañana
y cada tarde aquel papá volvía a mirar expectante el
horizonte buscando aquella figura de su amado hijo. Ya
no se escucha la risa alegre del hogar, ni la música de los
sirvientes es bienvenida; está faltando alguien, y el corazón
del padre no descansa (basado en Lucas 15:11-32).

E L CORAZÓN DE este padre se asemeja al del pastor en
la alegoría que narró el Señor Jesús de las noventa y
nueve ovejas. Se puede tener todo pero si falta uno, es como
que falta todo. El papá de esta historia tiene esa actitud; él
entiende como es el corazón de Dios. Ese tipo de varones
es el que necesita esta generación; son hombres comunes
con corazones cargados de la responsabilidad de reparar y
enmendar lo quebrado.

Cuando vivía en América del Sur, compré un auto que
un amigo me recomendó. Por la confianza que tenía en su
consejo no probé el automóvil, ya que en su apariencia ex-
terior se veía muy bien. Rápidamente descubrí que mi má-
quina no iba a ser todo lo que esperaba de ella.

En Latinoamérica, la mayoría de los automóviles son de transmisión estándar o manual, mientras que en los EE. UU. la mayoría son automáticos. Los autos estándar tienen un embrague que les permite colocarlos en el engranaje correcto y los detiene en esa marcha hasta que el chofer quiere cambiar de velocidad. Bueno, todo esto para decir que la tercera marcha de mi flamante adquisición no entraba fácil, y tenía que detenerlo fuertemente con mi mano para que no saltara de engranaje. Los que han tenido esa miserable experiencia saben que el auto cae abruptamente de velocidad forzando el motor y haciendo un espantoso ruido. (Ese amigo que me recomendó ese automóvil, ¡sí! lo adivinó, no es más mi amigo, ¡ja!) El problema no estaba en toda la transmisión, sólo en un engranaje. Cada vez que me subía en ese *bendito* vehículo toda mi concentración estaba en el tercer engranaje; es más, no gozaba de su andar, ni tampoco apreciaba otras virtudes que poseía, y muchas veces no podía concentrarme a donde iba. Lo peor del caso fue que su condición era un golpe duro para mi vanidad, especialmente cuando llevaba a alguien conmigo. Admito que me avergonzaba el tener que disimular el defecto y justificarlo con otros beneficios de mi "flamante" automóvil. Les hablaba del excelente motor, pero ¡ah, esa tercera marcha me amargaba la existencia!

CAMBIAR LAS EXPECTATIVAS EQUIVOCADAS

Lo que estoy tratando de decir es, que así es, como se siente cuando un hijo o una hija no encajan en todo el engranaje del hogar, y aquel viaje que empezó tan bien se convierte en una pesadilla. La primera pregunta que surge es ¿porqué? ¿Qué hice mal? Si le di el mantenimiento necesario, ¿por qué está funcionando mal? Esto no es lo que planeé, ni lo que soñé, tampoco por lo que trabajé. De pronto la velocidad del hogar decae alarmantemente y los padres se concentran en ese engranaje. Esto no deja continuar el viaje con normalidad.

"La presión por agradar a la gente se va filtrando inconscientemente, y entonces, los papás pueden caer en la trampa de demandas exageradas".

Esto es exactamente lo que me pasó algunos años atrás cuando una de mis hijas dejó de encajar en la estructura. Lo que parecía un ruidito fuera de lugar, de pronto se convirtió en un sonido de espanto. Mi hija se fue de la casa por tres días, lo que fue para mí una eternidad. En esos tres días pasé muchas horas tirado en el piso con mi rostro en tierra, llorando con mucha agonía. En esas horas de soledad y aflicción me enfrenté a la realidad que el camino del amor *incondicional* me demandaba un perdón incondicional hacia mi amada hija.

Por alguna razón, acumulé expectativas equivocadas acerca de como debían actuar mis hijas en la vida, y que siempre deberían estar por sobre el nivel de lo normal, siendo ejemplos sobresalientes a los demás niños. "¡Para eso eran hijas de pastores! Los hijos de pastores son diferentes. Nunca deben dar oportunidades a la gente para que les juzguen o critiquen a la familia". ¿Verdad? ¡No! ¡Esa expectativa es una injusticia! Muchos hijos de pastores han sido sometidos a ese tipo de presión durante toda su vida y por eso sienten rebeldía y rechazo por la iglesia. Es como que ellos no necesitan de la gracia y perdón de Dios, como cualquier mortal, por el solo hecho que nacieron en casa de pastores. Esa expectativa equivocada de parte de la gente, poco a poco va siendo parte del hogar del ministro. La presión por agradar a la gente se va filtrando inconscientemente, y entonces, los papás pueden caer en la trampa de demandas exageradas.

Es difícil poder determinar la causa por la cual los hijos dejan de encajar en el engranaje del hogar. Generalmente lo que se manifiesta en la adolescencia tiene una raíz en la niñez. Los padres debemos tratar de siempre estar cercanos y disponibles a los hijos (lo cual en muchas ocasiones no cumplí fidedignamente), aun cuando en algunas circunstancias ellos no sean tan abiertos.

APRENDER A AMAR INCONDICIONALMENTE

La parábola del hijo pródigo enseña cual es la actitud que debemos tener como padres en ciertas situaciones inesperadas que no estaban en nuestro inventario. El padre de la parábola representa el corazón del Padre celestial, y nos anima a mirar algunos principios valiosos que encontramos en las Escrituras. (Lea Lucas 15:11-32)

Es tan importante poder entender la historia que Jesús contó acerca del corazón del Padre. Creo que es la única manera en que podemos ayudar a nuestros hijos a vivir en una relación real y continua con Dios Padre. Este hogar que Cristo pintó maestramente en la parábola, tiene la respuesta a muchas preguntas que los papás de esta generación nos formulamos. Definitivamente el aprendizaje de estos principios nos ayudará a mantener la unidad del hogar, y esto no significa que jamás habrán desajustes, sin embargo, asegura un buen final.

Estudiemos algunos atributos del padre en este relato. El pedido del hijo estaba fuera de tiempo al demandarle a su papá los bienes antes de su muerte. Con esta actitud el hijo muestra un desprecio hacia el padre motivado por el egoísmo de su corazón y la búsqueda de su propio bienestar. Asombrosamente el padre no discutió, no peleó ni trató de razonar con su hijo. No intentó convencerle. El padre tenía el derecho de retener, sin embargo, abrió sus manos para dar.

Cuando el hijo se rebela es porque de alguna manera deja de gozar de la presencia del padre. Lo que le sucedió al hijo menor de la historia es que la presencia del padre se transformó en un azote más que en una bendición. Sentía un freno a su autonomía y libertad. Estaba en la casa, pero su corazón estaba lejos del padre.

El padre sabía que había perdido el corazón de su hijo. Entendía que este joven quería descubrir su potencial fuera de su presencia, pero también anticipaba que volvería a su regazo, y que el cambio de corazón solo se produciría si la luz y la verdad se hicieran presentes en su hijo amado. Él quería vivir con su hijo pero en una verdadera relación, algo que era *de corazón*. Esto es lo que todos los padres anhelamos. El hijo menor no conocía su propio corazón; él quería tomar los recursos del padre y triunfar.

Jesús hace mención de algunas personas que han logrado triunfar de esta manera, diciendo: *No todo el que me dice: Señor, Señor, entrará en el reino de los cielos, sino el que hace la voluntad de mi Padre que está en los cielos. Muchos me dirán en aquel día: Señor, Señor, ¿no profetizamos en tu nombre y*

*en tu nombre echamos fuera demonios, y en tu nombre hicimos
muchos milagros? Y entonces les declararé: Nunca os conocí,
apartaos de mí, hacedores de maldad* (Mateo 7:21-23).

Aunque parece imposible, este es un grupo de personas
que usaron todos los recursos de Dios, pero que Cristo des-
conoce y aun desaprueba sus obras. La palabra griega *anomía*
describe la posición de Cristo acerca de esta clase de gente.
Anomía significa *hombres sin ley*, sin sumisión, que no rinden
cuentas. Pueden ser cristianos destacados, pastores o teólogos
que hacen lo que quieren usando el nombre del Señor Jesús,
pero sus corazones no aman su presencia. Esta es la condición del hijo pródigo y sólo un encuentro con la realidad
traería a este hijo de vuelta al hogar.

El padre de la historia podía prever que la única ruta a
una relación saludable era que este hijo conociera el verdadero estado de su corazón. El salmista decía: "Envía tu luz
y tu verdad, estas me guiarán a tu santo monte". La presencia de Dios y la luz en el corazón del hombre van de la
mano. La presencia de Dios está emparentada a la luz y a
la verdad que nuestros corazones pueden absorber, aceptar
y acumular. Nuestros hijos no pueden vivir con *nuestra*
luz. Ellos cometerán *sus* errores y así entenderán que la gracia de Dios no viene en un paquete de la familia sino que
es *personal*. Créame que me costó aceptar esta verdad, especialmente por estar en el ministerio. Traté de mantener
siempre mi casa en orden, pero al final, los desórdenes me
ayudaron a ver mi propio corazón y adoptar un poco más
el modelo del padre de la parábola.

Me imagino que este papá sabía que el hijo no podría
correr demasiado tiempo sin él, pero no lo retuvo con

castigo o bajo obligación. Compró el boleto de retorno el mismo día que el hijo compró el de ida. Lo que nos enseña que, para esos casos, la fe de los padres es el imán para el retorno de los hijos descarriados.

El padre siempre estaba listo para un proceso de restauración. La restauración sólo es posible sobre los fundamentos de la luz que me enseña quien soy, la verdad que confronta mis acciones, y el arrepentimiento que me lleva a entender mi error y sus raíces. El padre lo dejó ir de su presencia, pero nunca lo arrancó de su corazón, siempre mantuvo la disposición de buscarlo y esperarlo hasta que el hijo volviera a su presencia.

El error nos lleva a captar la realidad de que la casa del padre es mejor que la independencia. Sobre esas bases se estableció una de las relaciones más preciosas de las Escrituras. Cuando el hijo volvió, todo lo que el padre necesitó fue un abrazo. ¡Cuantas palabras ahogan un abrazo! Si nos dispusiéramos a abrazar más y hablar menos, las cosas tomarían un giro veloz en favor de nosotros, los papás.

Aquel día en que mi hija se fue, sentí que el peso de la culpa se metió hasta mis huesos. Sólo había una manera de librarme de este tormento y era el camino del amor incondicional. No pude esperar a que mi hija volviera. Yo tenía que iniciar el camino de la búsqueda como una acción de arrepentimiento. La encontré a 40 kilómetros de la casa y cuando la vi no pude decir más que: "¡Hija mía!", mientras abría mis brazos para cobijarla en mi pecho como cuando era una niñita. Las lágrimas hablaron más que mil palabras. Juntos volvimos a casa mirando el futuro con nueva esperanza.

Padres, no podemos retener o enseñar por fuerza lo que sólo Dios puede revelar a través del proceso de la verdad. El padre de la parábola no se molestó por la hediondez del hijo; porque al final, lejos de la presencia de nuestro Padre celestial todos olemos desagradable. El padre tuvo la capacidad de llevarlo a la fiesta, sentarlo a su lado y ayudarlo a amar su presencia otra vez. El hijo aprendió que para poder tener una relación saludable con el padre no puede haber demandas. Su vuelta a la casa fue sin posiciones ni exigencias y con su reputación arruinada; entonces fue un candidato para alcanzar la gracia.

Le cuento algo más de mi flamante automóvil. Mientras iba en camino a la casa después de comprarlo noté que tenía otro problema. No terminaba de calcular el costo de una reparación cuando se manifestó otra situación insospechada. El vehículo doblaba excelente hacia el lado derecho, pero no tenía completa rotación hacia la izquierda (es decir que muchas de las maniobras hacia la izquierda requerían dos o más movimientos por la falla que tenía el volante). Llegando a la casa podía sentir que mis orejas me hervían de cólera. Mi amigo, el que me recomendó el carro, sí, ya lo adivinó, cada vez estaba más lejos de mi corazón.

Al arribar a la puerta de mi residencia y estacionar mi auto mi esposa salió a recibirme con una gran sonrisa de satisfacción; traté de disimular mis sentimientos y hablar del lindo color y las llantas nuevas, pero adentro me estaba muriendo de la vergüenza. ¿Cómo le diría a mi esposa lo de la transmisión y peor aún que el auto no doblaba bien a la izquierda? En un ratito era dueño de dos inconvenientes.

Esto es exactamente lo que le pasó al padre de la parábola;

no había terminado de arreglar un gran problema con su hijo menor, cuando se le descompuso el hijo mayor. Veamos otra parte de la historia del primogénito. *Y su hijo mayor estaba en el campo; y cuando vino, y llegó cerca de la casa, oyó la música y las danzas; y llamando a uno de los criados, le preguntó qué era aquello. Él le dijo: Tu hermano ha venido; y tu padre ha hecho matar el becerro gordo, por haberle recibido bueno y sano. Entonces se enojó, y no quería entrar. Salió por tanto su padre, y le rogaba que entrase. Más él, respondiendo, dijo al padre: He aquí, tantos años te sirvo, no habiéndote desobedecido jamás, y nunca me has dado ni un cabrito para gozarme con mis amigos. Pero cuando vino este tu hijo, que ha consumido tus bienes con rameras, has hecho matar para él el becerro gordo. Él entonces le dijo: Hijo, tú siempre estás conmigo, y todas mis cosas son tuyas. Mas era necesario hacer fiesta y regocijarnos, porque este tu hermano era muerto, y ha revivido; se había perdido, y es hallado* (Lucas 15:25-32).

Muchos padres enfrentan las mismas circunstancias domésticas. Tratan de arreglar y sanar a algún hijo y cuando ven un poco de mejoría advierten que hay complicaciones en otro de sus vástagos. Es allí cuando la frustración, el desánimo y el cansancio pueden hacer estragos en los sentimientos paternos. La incógnita de "¿cuándo terminarán los problemas?" empieza a aflorar y de pronto se corta el camino de la esperanza.

Esta parábola del hijo pródigo nos deja ver que es normal que en los buenos hogares enfrentemos malos momentos. Es en la crisis que se revela el estado de nuestro carácter y así podemos enfocarnos en cambiar lo que está fuera de lugar.

Evidentemente, el hijo mayor de la historia entró en conflicto, al volver su hermano. En primer lugar, se percibe en el hijo mayor una actitud de autojusticia que es muy nociva para una buena relación de familia. La autojusticia es codependiente de las recompensas. Por eso, este vástago no quería ser parte de la fiesta porque él sentía que había una injusticia en la recompensa; él no podía ver la reparación sino el costo.

"Es en la crisis que se revela el estado de nuestro carácter y así podemos enfocarnos en cambiar lo que está fuera de lugar".

En incontables ocasiones los hijos pueden abrigar un sentimiento de que hay "favoritos" en la familia. Esta idea se produce por una inseguridad acerca del amor de sus papás. Esa percepción crece en los niños desde temprana edad, y se manifiesta en un deseo exagerado de querer agradar a los padres para obtener el favor de ellos y así lograr la aprobación que tanto necesitan para vivir. La respuesta o medicina del padre de esta historia para su hijo fue cándida y simple; *él entonces le dijo: "Hijo, tú siempre estás conmigo, y todas mis cosas son tuyas".* Esto era algo que el padre asumía, pero el hijo no lo tenía claro.

Hay dos aspectos en los que se debe trabajar constantemente en la vida de los hijos y que no debe parar jamás: primeramente garantizarles que ellos puedan creer que el amor de su papá es su herencia intocable y que no necesitan buenas obras para obtener de este patrimonio innato.

El hijo mayor no apreciaba la presencia del padre o quizás se le hizo común o demasiado familiar. Las relaciones rutinarias entre padres e hijos se pueden gastar y así se pierde el fuego de la unidad. Cuando falta la cercanía y la valorización de esa relación se empiezan a ver núcleos de inseguridad. El hijo mayor estaba tan enfermo como el menor, pero no lo sabía; uno se fue y despreció la persona del padre y el otro se quedó sin atesorar el valor de la relación.

Lo segundo es que ese "cabrito" o sea esa herencia, posesión, tesoro, interés que el hijo mayor demandaba, no necesitaba pedirlo, ya estaba incorporado en el paquete de la relación. Se percibe claramente a que punto se sentía extraño en su propia casa; ¡cuán lejos estaba del corazón del padre aun cuando trabajaba para él! En resumidas cuentas, no conocía el corazón de su papá y eso lo llevó a una inseguridad profunda.

En el último verso de la parábola el padre lo orientó, explicándole que *era necesario hacer fiesta y regocijarnos, porque este tu hermano era muerto, y ha revivido; se había perdido, y es hallado* (Lucas 15:32) o sea, "No se trata de ti, ni de mí, se trata de reparar lo que está roto, lo que no sirve. Hagámoslo juntos, ayúdame a reparar; tu me eres necesario para sanar; no te enfermes ahora que te necesito sano". Aquí termina este relato que contó Jesús: no hay más palabras quizás porque está en la voluntad de cada individuo el tomar la decisión que marque su destino en la vida.

Si me permite, quisiera imaginar lo que no está escrito. Quiero creer que el hijo bajó la cabeza, que lo entendió, que el padre lo abrazó y que él se dejó amar como nunca antes. Puedo verlos entrar juntos a la fiesta y abrazar al descarriado, puedo escucharlos reír, contar chistes y recordar los lindos momentos. Veo al padre traerles un regalo especial para sus hijos; una pequeña cajita que acoge un tesoro. ¡Una brújula!

¡Qué siga la fiesta ya son tres!

El FINAL DE LA HISTORIA DE MI AUTO

En mi barrio había un señor que era mi amigo; él se burlaba bastante de mi carro y sus defectos, siempre me enviaba alguna indirecta para escarnecerme y reírnos juntos de la mala compra que hice. Yo le dije que algún día vendería el auto con ganancia, a lo cual él me respondió que si sucedía eso, él creería en Dios y se entregaría a Cristo.

Seis meses después un vendedor de carros apareció en mi casa diciéndome que quería mi coche y me ofreció el doble del precio por el cual yo lo compré. Yo no podía creer lo que estaba escuchando, finalmente ¡no más vergüenza, no más burlas y no más culpabilidad! ¡Esto era una liberación! Pues sí ya lo adivinó ¡lo vendí rápidamente! Le mostré el dinero de la venta al señor que me mortificaba y en voz burlona le recordé de su promesa. Pasaron unas semanas y ese hombre se entregó a Cristo; todos sus familiares son ahora cristianos. Él jamás olvidará la venta de mi "dolor de cabeza". Yo les afirmo: lo que hoy está en reparación puede ser el testimonio del mañana. El Padre celestial está en el negocio de comprar lo desarreglado para traer su sanidad a los hogares. No mires tu engranaje roto ni tu volante defectuoso, Dios está trabajando para borrar tu vergüenza.

CAPÍTULO 4

LA BRONCA

Caín camina lentamente hacia su casa. El sabor amargo de
la desaprobación le circula por todo el cuerpo. Para colmo,
puede escuchar desde lejos las tenues notas de las harpas y los
sonidos rítmicos del tambor que hablaban de celebración en el
campamento de su hermano Abel. De pronto, el sentimiento
del rechazo se empieza a anidar en su corazón desesperado.

Su orgullo le juega una mala pasada y a todo esto, se le
endurece el alma y no quiere aprender de su hermano menor.
El silencio es el próximo invitado a la escena sombría de los
pensamientos de este primogénito. Entonces, allí la ira, la
rabia y la frustración trazan el plan maestro: "¡Yo, Caín, no
me quedo en segundo lugar!". Una invitación inofensiva para
disfrutar del día, reúne a los dos hermanos como otra jornada
familiar rutinaria, pero los muchos pensamientos contaminados
con el cáncer de la bronca, finalmente arrojan sus resultados
trágicos. Caín mató a Abel (basado en Génesis 4:1-14).

LA VIOLENCIA SE manifiesta en los varones desde
temprana edad y en muchos casos deambula en sus
emociones hasta el ocaso de la vida. La fuente de esas reac-
ciones iracundas pueden ser la vergüenza, el enojo y la
condenación. Cuando estos elementos no son tratados y sa-
nados, tienden a aparecer en diferentes etapas de la vida, y

en muchas ocasiones es difícil reconocer el origen y la razón por lo cual se hacen presentes.

Por ejemplo: en la niñez las peleas en el barrio o la escuela pueden ser un escape de la presión interna. Los adolescentes tienden a formar bandas organizadas con amigos de escuelas secundarias o de los barrios. Estos jóvenes se identifican con nombres de pandillas o ideologías y para ellos es usual desquitarse con enfrentamientos físicos para infligir dolor. Los intentos de asesinato pueden ser también parte del repertorio de la expresión de violencia de parte de estos muchachos. Sin embargo, el varón casado, generalmente explota en la casa con la esposa y los hijos, matizando el problema con esporádicas detonaciones en su lugar de trabajo.

Estos señores están enojados, pero no saben como explicarlo y tampoco tienen en quien confiar sus problemas. Algunos no se atreven a decir nada por la vergüenza que envuelve el hecho de abrir sus corazones de algunas situaciones que para ellos son muy embarazosas. En otros casos, los varones no son sólo *víctimas* sino también se tornan en *agresores* por lo cual llevan estampada la culpabilidad en sus sentimientos.

FACTORES QUE ALIMENTAN LA BRONCA

Como consejero, puedo decirle que de los tres factores que se mencionaron, el más difícil de erradicar es la vergüenza. Pareciera que la vergüenza ha comprado un pasaje de larga distancia en la vida de muchos hombres, y no tiene apuros para bajarse de su viaje.

El diccionario Webster define *vergüenza* como el doloroso sentimiento de haber perdido el respeto de otros por una conducta inapropiada; *deshonor* o *desgracia* completan la idea. El diccionario Clave agrega al tema que *vergüenza* es parte de una acción que se considera deshonrosa, humillante y ridícula. Por mi parte, puedo decir que odio la vergüenza; la detesto porque me ha acompañado desde mi niñez hasta la vida adulta. Me ha hecho esconder mi brújula en cajones secretos, poniendo en mí el sentimiento que no soy digno de poseerla. Además, veo la vergüenza presente en tanta gente que visita mi consultorio, la observo en familiares, en colegas y en amigos. Todos llevamos grabados el dolor de la vergüenza en algún rincón del alma.

En el caso de muchos varones, esa vergüenza está patentada por lamentar el no haber tomado una posición de resistencia hacia lo equivocado. Parte de ese sentimiento devastador resulta de las muchas veces que pudieron decir: "¡No!", ante una situación comprometedora y no lo hicieron por temor al ridículo.

> *"Al único lugar donde se puede traer la condición de la vergüenza es a los brazos del Padre celestial, sólo allí hay comprensión, justificación y restauración".*

Los varoncitos también sienten mucha vergüenza en la niñez cuando perciben que sus padres no están orgullosos de ellos. Los esposos sufren cuando no se sienten aceptados. Los ancianos se duelen al no ser aprobados. En cada caso, la vergüenza es parte del diario andar. Las personas no hablan de estas cosas, pero las llevan incrustadas en sus corazones. Por estas causas, sus personalidades cambian y su humor no es de los mejores, pero no pueden hablar porque tienen vergüenza.

Me he preguntado muchas veces, cómo hago para

deshacerme de esta indeseable compañera. ¿Cómo le expongo que su viaje ha terminado y que de aquí en adelante, no la llevaré más sobre mis hombros como acompañante de caminos?

Algunos dicen que hay que trabajar en la autoestima, otros piensan que es mejor bloquear los recuerdos. Mejor todavía, dicen algunos letrados, es buscar los culpables que le llevaron a bajar la cabeza para de alguna manera buscar venganza y aplacar el dolor. Me parece que el remedio lo tenía el hijo pródigo de la parábola que ya mencionamos. El camino más corto para quebrar el poder de la vergüenza no es peleándola sino reconociendo el pecado. Veamos las palabras del hijo: *Me levantaré e iré a mi padre, y le diré: Padre, he pecado contra el cielo y contra ti. Ya no soy digno de ser llamado tu hijo; hazme como a uno de tus jornaleros. Entonces se levantó y fue a su padre. Cuando aún estaba lejos, lo vio su padre y fue movido a misericordia, y corrió y se echó sobre su cuello y lo besó. El hijo le dijo: Padre, he pecado contra el cielo y contra ti, y ya no soy digno de ser llamado tu hijo* (Lucas 15:18-21). Al único lugar donde se puede traer la condición de la vergüenza es a los brazos del Padre celestial, sólo allí hay comprensión, justificación y restauración.

El otro elemento detonante es la ira que se expresa en forma de violencia, la cual generalmente peregrina desapercibida desde la niñez. Los focos traumáticos aparecen en la vida de los niños pequeños desde los seis años de edad afectando los tiernos sentimientos y la personalidad que está en su etapa de gestación. La expresión de "foco traumático" se refiere al hecho de que muchos individuos, a pesar de haber pertenecido a buenas familias, han sufrido a mano de algún pariente o familiar cercano el azote de alguna acción o palabra que ha surtido un daño *casi* permanente. Digo "casi" porque para Dios no hay nada imposible. Además, la buena consejería por personas preparadas y guiadas por el Espíritu Santo es fundamental en la cura de las emociones lastimadas y los sentimientos dañados.

DISCIPLINA SIN DAÑO

Las palabras degradantes y los insultos son para los niños como clavos en sus frentes; si a esto le agregamos la ausencia de palabras afirmativas, nos arriesgamos a encontrar una personalidad violenta en la adolescencia y la vida adulta. El abuso verbal, físico o sexual siempre será una piedra en el camino del niño. La disciplina física es ofensiva para los varoncitos, especialmente si no tiene fundamentos justificables. Los padres deben tener razones valederas para la corrección corporal; la explicación del porqué y su intención benévola debe ser expresada antes y después de este método de entrenamiento para que estos no guarden rencor, rechazo y odio contra los padres. Si no fuera de esta manera, podría producirse un efecto contrario que no estaba calculado. Los sentimientos negativos mencionadas anteriormente, son guardados por los jovencitos en forma pasiva; se van alimentando con otras experiencias que van dañando el alma hasta que, madurando el problema, irrumpe explosivamente y sin previo aviso.

EPIDEMIA LATINA

El abuso sexual y el acoso son una carcoma en la psiquis de los niños. El varón que ha sufrido el abuso sexual, alberga un odio y violencia muy profunda en su interior. En este caso, la ira y la violencia está enraizada en la vergüenza que siente la víctima. Por mi trabajo como consejero, he tenido cuantiosas oportunidades de ayudar a muchas personas que han pasado por estas dolorosas circunstancias.

Según las estadísticas que manejo en mi consultorio, acumuladas a través de treinta y cinco años como consejero, llego a la conclusión de que un sesenta por ciento de las personas latinas han sufrido en alguna medida el abuso sexual infantil. En mis conferencias he conducido encuestas anónimas en cuanto a este tema que tristemente han confirmado la realidad de esta epidemia.

La Fundación Voz de los Niños, una organización para la prevención del abuso sexual infantil confirma que en muchos casos las madres, por su silencio, no cooperan para reducir estas estadísticas por el afán de tapar al pariente agresor. Un artículo preparado por UNICEF en colaboración con ONU y N.E.P.A.L., titulado: "Maltrato infantil: Una práctica tolerada en América Latina" (Internet), nos ayuda a ver el cuadro alarmante de esta situación.

Una medida de prevención para este mal del abuso sexual es que los padres no dejen solos a sus hijos e hijas sin un cuidado de suma confianza cuando se ausentan por causa de trabajo, enfermedad o vacaciones. No quiero crear una psicosis acerca de este asunto, pero déjeme asegurarle que la mayoría de los casos de abuso infantil fueron provocados por parientes cercanos o conocidos de la familia que tienen acceso al hogar.

También es de gran importancia la temprana información y la educación de los niños en el hogar. Esta enseñanza evitará dolores muy profundos en la familia. Especialmente es necesario enseñarles que le comuniquen rápidamente a sus papás cualquier incidente que les hace sentir incómodos o invadidos en el área de su privacidad personal, esencialmente la sexual. Los niños deben ser instruidos detalladamente acerca de la privacidad personal y el derecho que tienen a decir un rotundo ¡no! ante cualquier intento de asedio a su intimidad, aunque estas sean personas conocidas o de la familia.

> *"Como sociedad y especialmente la comunidad cristiana, debemos todos trabajar para concientizar al pueblo de este horrible mal que es el abuso sexual de los niños".*

También se les debe prevenir, así como aclarar, las formas en que los agresores manipulan a los niños para poder obtener lo que quieren. Los métodos de premios, halagos y amenazas son parte del repertorio de los agresores y los niños deben ser percatados de este tipo de astucia que usan los pedófilos. Por lo general, el agresor trata de incorporar a los niños como cómplices para que estos se sientan culpables de los actos cometidos y por esta razón los pequeños no verbalizan la injusticia que estas personas les hacen sufrir.

Como sociedad y especialmente la comunidad cristiana, debemos todos trabajar para concientizar al pueblo de este horrible mal que es el abuso sexual de los niños. ¡Los niños nunca son los culpables! Todo acto de esta clase por parte de un adulto hacia un menor es un crimen y es penado por la ley. Por más cercano que sea el pariente o amigo agresor, estos delitos deben ser confrontados y tratados para que no sean perpetuados. ¡No seamos cómplices de esta clase de agresión hacia los niños por optar por el silencio o la desvinculación!

OTRAS CAUSAS DE
VIOLENCIA EN LOS VARONES

Los niños varones resienten profundamente cuando ven y escuchan el maltrato de los papás a sus madres. Los gritos o los golpes son un agente de rencor para un niño que vive esta situación. Ellos se sienten, desde la niñez, como protectores innatos porque Dios puso esa cualidad en el varón. Cuando el niño no puede ayudar a su mamá en casos de agresión, calladamente odiará a su papá por abusar física o emocionalmente a su madre.

Todas las relaciones sexuales que son percibidas por los niños hacen un impacto negativo muy grande en su inocencia y esto luego se reflejará en la adolescencia y la vida de adulto. Esta es una de las causas por la cual los niños y niñas no deben dormir en el cuarto de sus padres después de los seis meses de edad, ¡menos aún en la misma cama! Una cortina tampoco es solución y recuerde, no siempre están tan dormidos como parece.

Los niños tienen un entendimiento más desarrollado de las cosas sexuales de lo que los padres han calculado, especialmente en el mundo moderno en donde pueden ser despertados sexualmente a muy temprana edad. El hecho de que los niños no entienden claramente de qué se trata la gama de expresiones que envuelve el acto sexual, les puede causar inseguridades y daños profundos. Los ruidos que son placenteros para los esposos pueden ser aterrorizantes para los niños. Por supuesto que todo se agrava si la relación es mala y hay argumentos a media voz, rechazos y forzamientos. Esto es devastador para la criatura.

Recuerdo tener que aconsejar a un buen hombre, buen esposo y buen padre de familia, este individuo sufría de malos pensamientos sexuales, fijación de imágenes, apetito sexual voraz, acompañado de otros menesteres. A través de la terapia, pude notar que él vivió una situación dañina entre los cinco y siete años de edad. Su madre se había casado por segunda vez y mientras ella gozaba de su luna de miel en su hogar con su flamante marido, el niño estaba siendo un espectador nocturno. La mamá (que era pobre) había dividido el cuarto con dos roperos para obtener cierto grado de privacidad. Ella no se percató que su hijo tenía dotes de Tarzán, y se subía al ropero en lo mejor de la película. Después de observar detenidamente esos actos por dos años su mente quedó flagelada, perdió la inocencia y el respeto a la privacidad.

Esa desafortunada experiencia lo contaminó para el resto de su vida. Por años luchó infructuosamente para no tener una actitud lujuriosa. Gracias a su apertura, a los pasos de disciplina práctica y a la oración de poder, su mente fue blanqueada y liberada. Finalmente, es un hombre normal.

Los hombres no saben cómo expresar estas cosas, pero sangran por dentro. Cuando los maridos están bien un día y descompuestos al otro, hay una buena posibilidad que el sistema de recuerdos se ha activado inconscientemente. Muchas esposas se preguntan ¿por qué mi esposo es así? Les animo a entender que la cosa no es con ellas, sino que es un problema que está dentro de él. Las esposas tienen una gran oportunidad de abrazar a sus maridos en esos momentos de explosión y decirles que los aman, no porque lo merezcan sino porque lo necesitan.

La rabia, una vez que hace nido en el corazón del hombre, tiene una infinidad de excusas para hacer su residencia y quedarse allí indefinidamente. El tiempo que se incuba en el interior sin que se haga nada con ella será la medida del daño que ese sentimiento causará cuando se exprese. La ira siempre encuentra destinatarios y generalmente son las personas cercanas las que quedarán afectadas. Cuanta más confianza sentimos con los que nos rodean, mayor es la expresión y la explosión iracunda.

Una vez hecho el daño, la gente que padece de ira descontrolada se siente horrible por lo que acaba de hacer. Su alma se vacía de la basura y las heridas son notables por doquier después de la emisión descontrolada. Entonces aflora la pregunta usual: ¿Por qué? ¿Por qué lo hice o por qué lo dije? Este cuadro se puede repetir infinidad de veces sin que haya un cambio permanente y menos un alivio para el agresor. El iracundo tendrá que cargar con la culpa hasta que se sienta perdonado o se pueda perdonar a sí mismo.

Muchos se preguntarán: ¿Puede existir alguna solución a este problema? Claro que hay soluciones, pero es imprescindible revisar cual es la raíz del problema; la ira es un fruto de algo que la alimenta interiormente, pero cuando encontramos las raíces, y tratamos con ella, empieza el verdadero cambio.

Una de las raíces más atormentadora es la desilusión. Esta palabra parece casi inofensiva, pero está llena de veneno mortal. La desilusión o decepción es unos de los canales más efectivos que tiene la ira. Cuando empezamos a encontrar nuestras desilusiones y tratar con ellas o expresarlas correctamente, entonces ya no tendrán fuerzas para convertirse en ira.

Ese fue el problema con Caín, hijo de Adán, quien se enojó tanto con su hermano Abel que lo mató. Si observamos detenidamente la historia, encontraremos que Caín estaba desilusionado por la manera como Dios juzgó las ofrendas que los dos hermanos le trajeron. Él pensó que Dios no fue justo, que no consideró sus esfuerzos y entonces, permitió aquel sentimiento que lo llevó a convertirse en un asesino.

> *"Cuando empezamos a encontrar nuestras desilusiones y tratar con ellas o expresarlas correctamente, entonces ya no tendrán fuerzas para convertirse en ira".*

Muchos hijos se desilusionan de sus padres y comienzan a formar argumentos nocivos contra ellos. Si tan solo pudieran expresar lo que sienten para que los padres tomen el tiempo de escucharlos, el problema dejaría de escalar. Quizás podríamos suponer que hubiese pasado si Caín le hubiera dicho a Dios: "No estoy de acuerdo o no entiendo". Posiblemente Caín estaría siendo parte de otra historia.

Conozco personalmente "la desilusión con Dios". He tratado de "discutir" con Él. He intentado que "entienda las cosas", pero nunca hemos entrado en razón. Aunque esto parezca un poco gracioso, cuando comencé a expresarle a Dios mi desilusión, el poder de mi ira comenzó a decrecer.

LA DESILUSIÓN NO TIENE FRUTOS POSITIVOS

Noé se desilusionó de su hijo Canaán por violar su integridad y en su ira lo maldijo. Jacob se desilusionó con su primogénito Rubén, y en su ira le quitó los beneficios de ser el primer nacido de la familia.

En Jeremías 17:5 (NVI) dice: *Así dice el SEÑOR: "¡Maldito el hombre que confía en el hombre! ¡Maldito el que se apoya en su propia fuerza y aparta su corazón del SEÑOR!"*. Esto significa que el poner nuestra esperanza en personas falibles puede arrojar un saldo de desilusión que logra escalar hasta convertirse en una maldición que afecte su futuro. Para sacudirnos de este mal de *la desilusión* hay que adoptar una actitud de total confianza en Dios.

También, es importante aprender a caminar en la vida con un gran paraguas de protección emocional, esto significa que no debe esperar de la gente más de lo que le puedan dar.

MI BATALLA

Me costó bastante apartar el sentimiento de desilusión; puedo decir que perdí muchos años tratando de recuperarme de este sistema demoledor. La decepción es un ladrón silencioso que roba la casa sin que lo perciba, y cada día que le roban tiene menos probabilidad de gozar la vida que Dios ofrece.

En mi caso tuve que aprender duramente, ya que me costó mucho tiempo perdonar a las personas que me desilusionaron. En repetidas instancias seguí batallando con ellas en mi mente aun cuando ya no eran parte de mi vida. Se me hizo difícil sacudirme el problema, hasta llegué a herirme con los recuerdos, provocándome un dolor innecesario. A medida que pude experimentar la gracia de Dios, comencé a soltar personas, situaciones y acciones que me desilusionaron, y entonces un sentimiento de paz invadió mi vida.

Este no es un proceso terminado; ya que el bienestar

del alma evoluciona con la conquista de nuestros enemigos interiores. Sin embargo, a medida que incorporamos los ingredientes necesarios para sanarnos, saldremos cada vez más rápido de la trampa de la desilusión.

EL PRÓXIMO ESCALÓN

La frustración es el siguiente peldaño donde escala la ira. Frustración es la inhabilidad de poder lograr lo que tanto deseo. Es el sentimiento: "Lo que hago no tiene valor". Es una profunda emoción de desánimo acompañada con el creer que la vida está en contra mía para que no pueda gratificarme. La frustración siempre encuentra culpables; "¡Alguien debe pagar el precio de que yo no pueda alcanzar mis logros!".

> *"La única manera de ganarle la batalla a la frustración es con una actitud de agradecimiento".*

Las personas frustradas casi siempre están de mal humor, no ven lo positivo y en cualquier momento tiran patadas como un asno salvaje que ha sido enlazado. La frustración abre el camino al resentimiento y al odio en contra de todos los que de alguna manera progresan o tienen éxito. Nos hace vulnerables a caer en la tentación de hacer comparaciones como: "¿Por qué a él sí y a mí no?".

Es cuantiosa la cifra de hombres que no han podido alcanzar metas que se habían fijado en su juventud. El problema se agudiza al pasar de los años y ver más lejanas sus posibilidades, entonces desarrollan una actitud defensiva para aliviar el dolor que la frustración activa. La única manera de ganarle la batalla a la frustración es con una actitud de agradecimiento. La persona que agradece reconoce la gracia; es decir que todo es un regalo de parte de Dios y que lo que tengo es lo mejor hasta este momento. Allí es cuando nace la esperanza; como dice Romanos 5:5, *la esperanza no avergüenza* a ninguna edad y en ninguna época. Si debilitamos a la desilusión y a la frustración con perdón y con agradecimiento la erupción de la ira no será más que un poco de humo sobre la cúspide del volcán. De esta manera evitaremos una emanación de lava incontrolable que afecta negativamente a los que están a nuestro alrededor.

La tercera fuente más común de alimentación de la ira es el rechazo. Casi no conozco personas que no han sido rechazadas. En algún punto de sus vidas, en mayor o menor grado, han sufrido el revés del rechazo, la frialdad, el repudio o la desaprobación de las personas. Desde que tengo uso de razón he sufrido episodios de rechazo que opacaron mis días con grandes nubarrones. Lo peor del caso eran los sentimientos de revancha y venganza que emanaban de mi corazón.

Bajo este manto dañino de ira, muchas veces se toman decisiones que luego lamentamos ya que fueron el impulso de una reacción y no del sabio razonamiento. Las personas rechazadas tratan de tomar rápidos atajos que los lleven a salir de ese sombrío panorama. De todos los rechazos el que más me ha costado es el rechazo por razones supuestamente *espirituales*. Todos los rechazos anteriores de mi niñez, juventud y vida adulta los he podido manejar con tiempo y paciencia, pero el rechazo de esta clase lo he sentido hondamente.

Para aclarar este punto de rechazo "espiritual," tengo que referirme a mi trabajo como pastor; más que *trabajo* es mi llamado y mi enfoque en la vida. Cuando las personas se iban de mi congregación buscando mejores pastos y además buscando una buena excusa para criticarme, luchaba con la ira.

"¿Cómo puede ser, después de todo lo que he hecho por ellos?". Con alguno de ellos invertí años de mi vida, a otros los ayude a sanar sus vidas y de pronto ya no servía para más. Me imagino que algunos pastores que están leyendo estas líneas se están identificando conmigo. Lo malo de mi caso es que esto realmente me quitaba el gozo y las ganas de vivir. En años pasados "me enojé con Dios" por no hacer nada en contra de esas personas que me lastimaron.

Sin embargo, algo cambió mi actitud hace un tiempo atrás. Todavía no lo digiero bien, pero puedo decirle que veo cambios porque un día entendí claramente que Jesús sufrió el rechazo más grande de la historia. Él fue rechazado por su padre Dios. En la cruz del Calvario Cristo pronunció palabras que ningún ser humano podrá entender: "¿Padre, porque me has desamparado, porque me rechazaste, por qué me dejaste solo?". Esa fue la única vez que el Padre celestial dio vuelta su rostro. El Padre no podía mirar al pecado y Cristo fue hecho pecado por nosotros. Nadie conoce mejor el rechazo que nuestro Señor; Él sabe lo que se siente. Aquello fue un rechazo "espiritual".

Hace un tiempo entendí que el único antídoto eficiente contra el rechazo es correr a los brazos de Jesús; allí se puede llorar, gritar, expresar todo el dolor hasta tener un fresco encuentro con su persona. Ese encuentro íntimo sanará el alma y traerá descanso en la tormenta.

CAPÍTULO 5

DON NARCISO

*Tamar llora desconsoladamente. No puede entender ni
creer lo que le ha sucedido. Sus cabellos sedosos que hacían
canción con la brisa del desierto, ahora se encuentran
ennegrecidos por las cenizas del dolor. Sus vestidos rasgados
como señal efímera de su condición, le gritan al mundo que
su inocencia le fue robada; que la fuerza bruta del "macho"
ha cobrado su sueldo injusto para refugiarse en la excusa
de que esto es normal* (basado en 2 Samuel 13:19).

SE MOVÍA ÁGILMENTE por la pradera llena de flores y
árboles frutales, su porte lo resaltaba de cualquier hombre común. Sus cabellos sueltos en forma de bucles parecían armonizar con su caminar altanero. ¿Ya sabes de quien estoy hablando? "¡No! ¡No eres tú!" Es Don Narciso. Narciso es una figura de la mitología griega. No sé si fue exactamente como lo acabo de describir, pero las historias cuentan que tenía una increíble fascinación consigo mismo. Su egocentrismo llegó a su punto cumbre cuando mirándose en una fuente de agua se enamoró de sí mismo. Desde ahí en adelante se usó el término *narcisista* para describir a un individuo egocéntrico y fantasioso.

Todo líder posee cierto grado de narcicismo. El solo hecho

habiendo sido fieles a sus esposas durante el peregrinaje del matrimonio. ¿Qué paso entonces? Narciso estaba escondido. Narciso es ambicioso y oportunista. Al pasar los años, las fuerzas no son las mismas y el porte físico es lejos del que ya describimos al comienzo del capítulo; de pronto alguien aparece con las palabras exactas a las que Narciso es vulnerable, y entonces comienza el engaño del cual no podrá zafarse. Generalmente son mujeres solitarias que apelan al sentimiento heroico o al embuste sexual al cual Narciso está acostumbrado a alimentar secretamente.

Ahí entonces la fantasía secreta se atreve a tomar la oportunidad ofrecida. Narciso tiene la facultad de cegar el entendimiento, los recuerdos y las responsabilidades para convertirse en un ser fácil de seducir que no puede resistir las palabras zalameras de la mujer extraña (aunque sea conocida). Aquí vemos que el sistema de seguridad no ha sido desarrollado efectivamente. Narciso no sabe resistir, no pelea por los patrones bíblicos, y de pronto la telaraña de la fantasía a capturado a su presa; ¡Don Narciso está en la cárcel!

"Don Narciso es un enemigo difícil de descubrir, que se filtra en todo el ambiente del diario vivir y se alimenta de sugerencias; no teniendo la capacidad para resistirlas".

Narciso es altamente nocivo en el matrimonio, porque con el tiempo se transformará en demandante, ya que no busca servir sino ser servido. Esta actitud se refleja en todas las áreas de su vida, desde los reclamos de la comida que quiere comer hasta el tipo de sexo con el cual requiere ser complacido. Narciso, tristemente, va dejando de amar, pero no acepta que a él no lo amen. Narciso es incisivo con sus exigencias e insistente al punto de quebrar la voluntad de la esposa para que le complazca en sus demandas. Narciso no tiene tiempo para perder pensando en su prójimo, menos en llenar la necesidad de otro. Narciso se cansa rápido y de pronto le molesta todo lo que pasa en casa, incluyendo los hijos, la economía, la alimentación, la intimidad. Allí es donde llegan los momentos favoritos de cuestionamiento interior de este egocéntrico: "¿Si yo pudiera o tuviera otra oportunidad…?". De pronto salta de la pregunta al pensamiento ilícito, del pensamiento a la película fantasiosa y de allí, sólo es cuestión de tiempo.

Don Narciso es un enemigo difícil de descubrir, que se filtra en todo el ambiente del diario vivir y se alimenta de sugerencias, no teniendo la capacidad para resistirlas. Por cierto, no conoce la palabra "no". ¿Será que este problema es fomentado por las ideas modernas de nuestra sociedad?

UNA PALABRA PEQUEÑA QUE TRAZA LÍMITES GRANDES

La palabra "no" para la mayoría de los psicólogos de hoy es considerada negativa y dañina para el desarrollo de los niños. Pero debemos reflexionar en esto: si la intención es concientizar y enseñar parámetros, así como el de despertar el sentido de la responsabilidad entonces es inmensamente positiva enseñarles a respetar la palabra *no*.

Narciso no quiere entender el *no,* y como hemos visto, este problema empieza en la niñez. Recuerdo una señora que tenía la firme creencia en cuanto a no usar la palabra *no* en la educación de sus hijitos. Esta mujer había estudiado con los mejores profesionales de su país y tenía excelentes argumentos para destrozar mi punto de vista de la necesidad de educar a los niños a respetar la palabra *no*. Al no poder ganar el argumento decidí abandonar mi intento de convencerla.

Lo interesante fue que después de varios años, su hija llegó a mi oficina de consejería buscando ayuda. Para mi sorpresa, esa muchacha de diecisiete años de edad tenía una vida oculta de promiscuidad, y por supuesto su madre no lo sabía. Sentada frente a mi escritorio yacía una pobre joven que ya había probado un poco de todo en la vida, pero sin encontrar la felicidad. Desde los doce años de edad empezaría relaciones sexuales con cuanto compañero la buscara, además se había hecho un aborto en secreto sin que lo supiera su madre. Su confesión, además, agregó que por varias semanas mantuvo una relación con un hombre casado. Cuando le pregunté por qué hacía todo esto, ella simplemente me contestó: "No sé decir no". Imagine mi rostro en ese momento, creo que estaba petrificado y viendo a su mamá argumentando conmigo de lo negativo de la palabra *no*. Ella había sembrado en la vida de su hija exactamente lo que esta joven recogió.

> *"Si no atesoramos el temor de Dios, Narciso comienza lentamente a deteriorar nuestra capacidad de resistencia, ofreciéndonos toda clase de sugerencias".*

¡Cuántos seres queridos que usted y yo conocemos han caído en fornicación o adulterio! Algunos tuvieron años de buen matrimonio, muchos de ellos con principios morales, en algunos casos, servidores de Dios, que por alguna razón perdieron el respeto por la palabra *no* y así provocaron un desastre familiar. Si no atesoramos el temor de Dios,

Narciso comienza lentamente a deteriorar nuestra capacidad de resistencia, ofreciéndonos toda clase de sugerencias. Allí es donde comenzamos a abrazar el pensamiento "que merezco más de lo que tengo". Ese sentimiento halagador y estimulante ensordece y anula la voz de la conciencia. La palabra *no* se hace cada vez más débil hasta perderse en un eco que se va desvaneciendo por la indisciplina de la mente. Narciso es un experto en excusas y puede justificar cualquier acto culpando a alguien del *porqué* tuvo que actuar de esa manera. Es tan hábil para cargarle a otro la cuenta que si se le presta mucha atención es capaz de convencerle que es así.

> *"Para Narciso es fácil encontrar una justificación para la desobediencia; por sobre todo, encuentra 'la razón' por el cual todo el mundo no tiene la razón".*

Narciso no puede cambiar porque odia la palabra arrepentimiento. Él huye de esta verdad bíblica porque demandaría un cambio radical de intenciones. El espejo del arrepentimiento nos muestra tal cual somos. No da pases para atajos; lo enfrentamos de lleno, o podemos convertirnos en otra estadística de Don Narciso.

Si tan solo prestáramos atención a esa voz que nos dice "No"; si la obedeciéramos, sea que venga del interior o de gente que puede y quiere ayudarnos, entonces la resistencia contra Narciso crecería lenta, pero segura. ¡Entendamos que en la desobediencia existe un factor de obscuridad! El profeta Samuel lo describió como pecado de adivinación. Narciso y su desobediencia es un aliado de las tinieblas. Narciso siempre trata de silenciar a las voces amigas que despiertan sanas convicciones. Intenta minimizar a la sabiduría y torna en comunes las palabras que lo dirigen hacia la cruz. Para Narciso es fácil encontrar una justificación para la desobediencia, por sobre todo, encuentra "la razón" por el cual todo el mundo *no tiene la razón*.

UNA FAMILIA CON TRES NARCISOS

El rey David levantaba en sus brazos a su primogénito Amnón ante la amorosa mirada de su flamante madre Ahindam. David tejía una multitud de sueños acerca del futuro heredero al trono. El nombre que le había dado a su hijo significa *fiel,* quizás evocando a la vida de un padre que había atravesado toda clase de circunstancias y pruebas sabiendo que Dios le había sido fiel. Ahora, al recibir el regalo del nacimiento del bebé, corona su peregrinación, reconociendo al *Dios de las batallas.* Amnón crece rodeado de privilegios y expectativas que van lentamente formando su personalidad. Las miradas de sus amiguitos delatan su futuro. Probablemente, pocos se acercaban al pequeño miembro de la realeza y los amigos sabían que ninguna competencia puede dejar a Amnón en segundo lugar. ¡Él es el futuro rey! Creo que las palabras "lo que quieras, lo que digas, en cuanto tú digas y como tú lo digas" eran las normas que regían a sus sirvientes en relación al principito. Su perspectiva de ser el héroe era evidente y todos en el palacio y sus contornos colaborarían con el proceso. En esta atmósfera nadie vio que un nuevo narciso se estaba gestando en la cuna del congraciamiento.

El camino de Amnón estaba marcado por demasiados privilegios y pocas restricciones. La futura eminencia política estaba rodeada por muchas personas que le dicen "¡sí!"

a todos sus gustos y muy pocos o ninguno que se atrevía a decirle "¡no!". Más delicada aún está la situación de que este joven manejaba demasiado poder sin haber sido tratado y entrenado a no ser un déspota.

"Esto es lo que está esperando nuestra generación: una nueva camada de líderes que a pesar de la vergüenza y el fracaso, no teman abrazar el camino del arrepentimiento".

Transfiriendo este cuadro a los hogares latinos de nuestra generación podríamos decir que el matriarcado ha formado esta clase de muchachos; de hombres supuestamente privilegiados, a los que les cuesta absorber con integridad la palabra *no*. Cuando reconocemos con honestidad que este mal se ha filtrado en nuestras vidas a través de generaciones es cuando comenzamos la batalla contra Narciso. De pronto tomamos el valor de reconocer nuestra condición y el reto de aceptar un cambio. ¡Eso es valentía! ¡Eso es gallardía! Esto es lo que está esperando nuestra generación: una nueva camada de líderes que a pesar de la vergüenza y el fracaso, no teman abrazar el camino del arrepentimiento.

Tristemente, la historia de Amnón no termina con luces de bengala y celebraciones de graduación. El hijo del rey es preso de un capricho. Amnón se enamoró de su media hermana, y ese capricho lo reprobó. La historia que aparece en 2 Samuel 13, nos muestra claramente las falencias de este narciso. (Favor de leer esta historia de intriga y tragedia directamente de la Biblia.)

Fue tanta la obstinación de Amnón de salirse con la suya que no temió el manipular al rey con una falsa enfermedad. ¿Ya escuchó ese dicho popular "está enfermo de amor"? Personalmente, cuestiono la legitimidad de esa clase de enfermedad. El amor verdadero no se enferma ni enferma a nadie, sino que espera, sufre y soporta.

El narcisismo de Amnón, pasó de la fascinación a la obsesión y de la obsesión a la obstinación, para luego perder todo autocontrol. Amnón miente y en su "enfermedad" le pide al rey que su media hermana Tamar, le venga a cocinar en su alcoba personal. La próxima mañana, aquellas hojuelas calientitas dejaban sentir su aroma por los pasillos reales. Amnón, en su cama, ya construyó su plan de ataque. La inocencia de Tamar pronto despertaría a la cruda realidad que otro narciso estaba por dar a luz su "obra maestra".

El forzamiento, la violación, la satisfacción del instinto, la negación de la hombría y la indignidad ya se habían alojado en el corazón de Amnón. En medio de la agresión, Tamar trató de razonar con su medio hermano: "Si de veras me amas, espera. Habla con papá David. Él no va a negarte nada." ¡Pues, claro que no! Ese es el problema, nadie le dice que *no* a Amnón. El heredero materializa su acto cobarde y de pronto los sentimientos cambian. El deseo y supuesto amor se transforma en aborrecimiento: "¡Sólo es una mujer, ¡no te preocupes Amnón! Al final de cuenta, es parte de la vida". Ganó Narciso, perdió el varón. Con una sola orden rechazó a Tamar. Amnón se ciñó nuevamente de su egocentrismo para seguir viviendo una carrera hacia el fracaso. No tuvo la capacidad de mantener templanza y manifestó un carácter no estructurado por los principios divinos. Mientras Tamar llora en silencio su desgracia, en el corazón de su hermano Absalón se está gestando una estrategia de venganza.

Absalón es el segundo hijo de David y de sangre real por parte de su madre. Su físico es extraordinario, admirado por mujeres y envidiado por los hombres. Ocupa un lugar de privilegio entre el populacho judío. Absalón tiene todas las condiciones narcisas, pero se le destaca principalmente la autojusticia y la ambición. Esta es una perfecta combinación para generar atención y atraer adeptos. Absalón astutamente mata a su medio hermano Amnón para lavar la vergüenza de su hermana, de pronto se genera una crisis de familia que termina con su destierro. Su padre repudia que al dolor del acto de la mancilla de su hija, se agregue el luto por su hijo primogénito. Absalón es otro que se ha criado sin el impacto saludable de la palabra *no*.

Absalón como Narciso es justiciero, y se cree juez de los demás. No sabe reparar, no quiere restituir, sólo trata de saldar cuentas. La sed de venganza del narciso puede formarse desde la cuna. (Las madres pueden alimentar en sus hijos un carácter sin restricciones por su admiración exagerada.) Absalón se vio obligado a huir, pero la distancia y el tiempo no silenciaron las emociones de su papá David. Los sentimientos de David comienzan a jugarle una mala pasada: "Extraño a mi hijo".

NARCISO Y SUS CÓMPLICES

Narciso es un buen manipulador; así también Absalón, a pesar de estar lejos geográficamente, sabía mantener contactos convenientes para sus aspiraciones.

Los cómplices de Absalón trabajaron astutamente en las flageladas emociones de su padre David preparándole una plataforma para su regreso. Finalmente, el ansiado perdón real le fue otorgado como un pasaporte que legalizó su repatriación. Si Narciso no se arrepiente profundamente de sus hechos y actitudes, si el dolor y la convicción no forman parte de su retorno, entonces se le ha dado sólo una aspirina para curar un cáncer.

Otro aspecto que nos ayuda a reconocer a Narciso es que suele estar rodeado de gente codependiente. Estas personas tienen ilusiones de optimar su sistema de vida; saben que solos no pueden lograrlo, pero aferrados a "los tipos Absalón" se sienten fuertes para alcanzar esa mejoría. El apego de estas personas a Narciso gradualmente se hace enfermizo y entonces las órdenes desmedidas que reciben de parte de este ambicioso se transforman en una causa por la cual luchar. Absalón se rodeó de estos prototipos de personalidades. Sus blandas palabras sobornaron los corazones dolidos y necesitados de la gente del pueblo. Las promesas de alivio que ofrece son muy seguras y convincentes. "Tan solo necesitan apoyar la campaña política" que va a catapultar al Narciso Absalón como el nuevo rey. Aunque no lo crea, lo logró. Sólo fue cuestión de tiempo y David sería expulsado de su trono por la ambición de su hijo.

Narciso tiene la capacidad de traicionar, mentir y seducir, porque en su mente la palabra *no* es sólo un adorno trivial del vocabulario. Su historia no termina allí, su final no fue como su comienzo. Un inesperado golpe de estado lo llevó a correr de la casa real como un zorrillo perseguido por perros sabuesos. La última imagen de Absalón es deprimente; está colgado de sus cabellos en una rama de árbol con una buena cantidad de dardos en su corazón que produjeron su muerte.

La violencia engendró más violencia y prolongó la crisis de

la casa real. David llora dolorosamente a su hijo Absalón. La pregunta: ¿Por qué esto?, rondaba constantemente al corazón de este padre. La única contestación es volver a la base: la tarea irremplazable es la formación del carácter de las personas para que la ambición no les juegue una mala pasada.

EL ÚLTIMO NARCISO

Se hace difícil catalogar de cierto narcisismo a un hombre como Salomón, ya que fue tan importante y tan amado por el pueblo judío. Este fue el rey que edificó el templo en Jerusalén, con el cual Dios mismo hizo pacto. Salomón tenía un corazón humillado y genuino por eso no se hace fácil imputarle culpas. Sin embargo, el ocaso de la vida es más importante que el comienzo. No es tan vital como empezamos la carrera sino como la terminamos.

> *"No es tan vital como empezamos la carrera sino como la terminamos".*

Cuando leo en la escritura la parte final de la vida del gran rey Salomón, no puedo dejar de pensar que en alguna área de su carácter se escondía un narciso. *Pero el rey Salomón amó, además de la hija de Faraón, a muchas mujeres extranjeras; a las de Moab, a las de Amón, a las de Edom, a las de Sidón, y a las heteas; gentes de las cuales Jehová había dicho a los hijos de Israel: No os llegaréis a ellas, ni ellas se llegarán a vosotros; porque ciertamente harán inclinar vuestros corazones tras sus dioses. A éstas, pues, se juntó Salomón con amor. Y tuvo setecientas mujeres reinas y trescientas concubinas; y sus mujeres desviaron su corazón. Y cuando Salomón era ya viejo, sus mujeres inclinaron su corazón tras*

*dioses ajenos, y su corazón no era perfecto con Jehová su Dios,
como el corazón de su padre David. Porque Salomón siguió
a Astoret, diosa de los sidonios, y a Milcom, ídolo abominable de los amonitas. E hizo Salomón lo malo ante los ojos
de Jehová, y no siguió cumplidamente a Jehová como David
su padre. Entonces edificó Salomón un lugar alto a Quemos,
ídolo abominable de Moab, en el monte que está enfrente de
Jerusalén, y a Moloc, ídolo abominable de los hijos de Amón.
Así hizo para todas sus mujeres extranjeras, las cuales que-
maban incienso y ofrecían sacrificios a sus dioses. Y se enojó
Jehová contra Salomón, por cuanto su corazón se había apar-
tado de Jehová Dios de Israel, que se le había aparecido dos
veces, y le había mandado acerca de esto, que no siguiese a
dioses ajenos; mas él no guardó lo que le mandó Jehová. Y
dijo Jehová a Salomón: Por cuanto ha habido esto en ti, y
no has guardado mi pacto y mis estatutos que yo te mandé,
romperé de ti el reino, y lo entregaré a tu siervo.* (1 Reyes 11:1).

Cualquier persona, por más brillante que pueda ser, no
puede alimentar su ego con setecientas mujeres y trecientas
concubinas. Esto aplicaría a los días modernos como una esposa y una amante o dos mujeres o más. Toda esta conducta
tiene que ver con la estimulación de *mis* placeres y la ausencia de la palabra que venimos enfatizando ¡*No!*

> **"En otras palabras, la culpa que los padres
> podemos llevar en el corazón no debe
> interferir en la responsabilidad de la
> sana educación de nuestros hijos".**

No sabemos desde cuando la palabra *no* estaba ausente
en la vida de Salomón; pero sus hechos nos demuestran una
gran disfuncionalidad en sus emociones. Me inclino a pensar

que un niño, a los ocho años de edad, que ya sabía lo que le esperaba, pudiera controlar sus sentimientos "de jefe" con parcialidad. Más aún, si su padre David le mostraba favoritismo, que unido a las demandas siempre concedidas terminarían por moldear en Salomón a un verdadero narciso.

Otro factor o posibilidad que deberíamos considerar es el sentimiento de culpabilidad que ambos padres, David y Betsabé, podrían sentir por sus hechos pasados (infidelidad y asesinato) y entonces, se le otorgan al niño las exigencias y caprichos más por ese sentimiento de culpabilidad que por una saludable actitud paternal. En otras palabras, la culpa que los padres podemos llevar en el corazón no debe interferir en la responsabilidad de la sana educación de nuestros hijos. Los niños deben ser formados con la meta de mejorar el futuro y borrar el pasado a través de sus buenas acciones.

UN FINAL INFELIZ

Tarde o temprano el narcisismo da sus frutos negativos. La vejez de Salomón fue duramente marcada por su alejamiento de la presencia de Dios. Fueron las mujeres que él amó las que desviaron su corazón. La palabra *amó* en hebreo aparece como *ahab* y *aheb* y significa: tener afección por lo sexual. Ciertamente este ilustre hombre tenía una inclinación exagerada por el área sexual y la evidencia se exteriorizó en las prioridades que adoptó en la etapa final de su carrera.

Ese amor puede traducirse por autoamor o amor propio ya que mil mujeres lo convirtieron en el centro de atención. A Salomón no se le negaba nada y así se le envició el corazón de un narcisismo crónico. Este rey perdió la promesa y el pacto de Dios. El trono de Israel quedó dividido y la historia de todo un país cambió de dirección por causa de Don Narciso. Permítame decirle que Narciso es un hombre sin brújula. Si usted tiene una brújula, tenga cuidado que Narciso no se la robe. El narcisismo despojó de sus compases a hombres importantes, inteligentes, prósperos e influyentes.

> *"La generación de varones que Dios esta formando será capaz de enfrentar este gigante llamado Narciso y tendrá la capacidad de derrotarlo".*

Al ver estos ejemplos, los varones de esta generación tenemos que reflexionar profundamente en el curso de nuestras vidas. La generación de varones que Dios está formando será capaz de enfrentar este gigante llamado Narciso y tendrá la capacidad de derrotarlo.

No es por fuerza ni por habilidad natural sino por el Espíritu de Dios. Así como David mató a Goliat también el varón puede matar a Narciso. David dijo en 1 Samuel 17:45: *¡Yo vengo a ti en el nombre de Jehová de los ejércitos!*

CAPÍTULO 6

EL PEGAMENTO

La casita era humilde, pero suficiente amplia para albergar
invitados. La luz de una vela creaba un ambiente acogedor.
Las manos de un guerrero incansable levantaba la pluma para
escribir otra vez palabras inspiradas de valor incalculable. Era
el año 62 d.C., el señor Pablo, más conocido como Saulo de
Tarso y gran apóstol, se dirige a unas de sus amadas iglesias
en Asia Menor que se encuentra en la ciudad de Éfeso.
Las palabras vertidas en ese folio son sublimes y de pronto,
dirigido sobrenaturalmente, les habla a los matrimonios.
Súbitamente las luces del escenario espiritual enfocan en los
hombres para mostrarles el camino del verdadero varón y el
mandamiento resuena sobre el papiro "Ama a tu esposa como
a ti mismo. Si te amas a ti, amas igual a tu mujer. Como
cuidas y sustentas tu propio cuerpo, así quiero que lo hagas
con la compañera de tu vida" (basado en Efesios 5:28, 29).

¡NO HAY ESCAPATORIA! Estas palabras no pueden ser
ignoradas. El varón debe tomarlas y responsabili-
zarse por cumplirlas. El eco de aquella noche sigue retum-
bando por generaciones, hoy resuena en nuestros corazones.
Definitivamente, estas palabras se aplican tanto para el área

de la vida íntima como para cualquier otra faceta de nuestro trato con nuestras esposas.

El tema de la relación sexual ha sido ampliamente expuesto por muchos autores en libros y revistas cristianas, sin embargo, es un asunto de constante necesidad en el matrimonio actual. El cincuenta por ciento de mis consejerías están relacionadas con la pareja, y la mayoría de ellas tienen algún tipo de problema con la materia de la relación sexual. Creo firmemente que los problemas sexuales deben ser tratados por consejeros cristianos preparados y acreditados. La iglesia y los consejeros cristianos poseen el recurso más efectivo que es la ayuda del Espíritu Santo y la Palabra de Dios.

LIDERATO SEXUAL

Volvemos a la creación; cuando Dios formó al hombre lo hizo para liderar, y esto aplica también en lo sexual. La mujer está hecha para responder al liderazgo de amor de su esposo. Debemos dejar en claro que *liderar* no significa *controlar*. La mujer ocasionalmente puede ser una iniciadora, pero es al hombre a quien se le ha dado la facultad de incentivar. A través de palabras románticas, caricias tiernas y gestos de aprecio el esposo tiene la habilidad para despertar en su esposa el deseo sexual. Muchos varones se quejan de esposas "frías" que no responden a la necesidad sexual que ellos sienten, pero esto se debe en muchos casos a que los esposos no han aprendido a aplicar los recursos de afirmar y apreciar las virtudes femeninas. Por ejemplo: las palabras de elogio y las pequeñas atenciones son parte vital de la relación saludable. Las salidas a solas dan lugar a una atmósfera romántica y pueden acondicionar las emociones femeninas. La ayuda con los quehaceres domésticos puede tornarse en momentos productivos para la relación sexual, pero estos factores deben ser parte de nuestra actitud diaria y no solamente cuando "queremos algo".

"Liderar *no significa* controlar".

Cuando se habla de liderato sexual debemos entender que la mujer se siente segura cuando puede estar *en control* de la relación sexual. Esto significa que toda presión, forzamiento o manipulación puede hacerla sentir incómoda sexualmente; ella es una *dadora* y necesita sentirse respetada. Esto no quiere decir que el varón pierde su liderato, sino que dentro de esa responsabilidad que Dios le ha otorgado está consciente de que la mujer necesita entregarse *paulatinamente*. Si el marido se ha ganado la confianza de su mujer en el lecho nupcial, ella no tendrá ningún problema de permitirle tomar el timón en esos momentos de intimidad. ¡Esto no es automático! Se gana con el tiempo y con el desarrollo de una sana y satisfactoria relación en todas las áreas de la vida matrimonial.

TIEMPO Y CALIDAD

Frecuentemente los varones se frustran al no poder mantener un compás de espera en la relación sexual. Debe ser parte del conocimiento varonil la diferencia que existe entre varón y mujer en cuanto al tiempo de satisfacción. El varón debe tener control de sus instintos e intensidad para no tener eyaculación prematura y dejar a su mujer "en ayunas".

Tampoco se debe condenar si ocurre algún "accidente". ¡Pero recuerda, no se puede vivir "accidentado"!

La vida íntima es "el pegamento" de todos los demás ingredientes de la relación matrimonial. No podemos tener buen pegamento y nada que pegar. En otras palabras, el sexo no *hace* al matrimonio sino que contribuye en una manera importante al éxito de la unidad.

Hace algunos años una dama nos visitó al consultorio para hacer una confesión de infidelidad. Esta señora era de edad madura y se reflejaba en ella una tristeza muy profunda. Me pareció extraño que hubiera infidelidad a su edad, pero en este trabajo de consejero no hay que sorprenderse de nada. Le pregunté cual fue la causa que la llevó a esa errada decisión. Con mucho dolor nos contó que su esposo la había bautizado con el apodo de "refrigeradora". Tanto que se lo dijo que ella lo terminó por creer y se convirtió en una mujer sin respuesta sexual. Esto duró por sus treinta y cinco años de matrimonio. Un vecino notó algunos de los atributos de la "refrigeradora" y comenzó a cortejarla con palabras de halago y afirmación. "La refri", poco a poco, se transformó en una "estufa" hasta que pasó lo que usted ya se imagina. Aquella mujer experimentó una satisfactoria relación con el vecino y por varias semanas gozó de una luna de miel que su esposo le había negado. (Por supuesto, le dije que su infidelidad era pecado delante de Dios y era necesario el arrepentimiento.)

El problema fue que su esposo quiso lograr una excelente respuesta sexual de parte de ella, pero sus avances románticos chocaron con el muro que él mismo construyó con palabras negativas. Este marido no había aprendido que la estimulación empieza con el aprecio, el romanticismo, la afirmación y el halago que un esposo le da a su amada.

Luego de meses de terapia matrimonial, el esposo pudo comprender que él cosechó lo que había sembrado. Lentamente cambió su sentimiento de reproche y acusación por el de convicción y aceptación de su error. La señora se arrepintió de su pecado y entendió que el matrimonio es el único parámetro del placer sexual. Con estos ingredientes en su lugar, la restauración del matrimonio no se hizo esperar. Este hombre aprendió la valiosa lección de que las palabras pueden construir o destruir, pueden edificar o demoler. Si bien, el final fue feliz, la pérdida de muchos años de felicidad les dejó marcada la realidad que el tiempo no vuelve, por lo tanto ahora intentan disfrutar cada día como un regalo de Dios.

SER ORIGINAL

La definición de la palabra *original* incluye: *completamente nuevo, no copiado o derivado de otra cosa, creativo*. El tema de la originalidad es también responsabilidad varonil. Si el hombre está creado a la imagen y semejanza de Dios, podemos decir entonces que los varones tienen bastante de su Papá celestial. Mire a su alrededor y vea los árboles, las flores, las montañas, las selvas, los valles y los desiertos. ¡Cuan especial y singular es toda la creación de Dios! La relación sexual también debe poseer originalidad, no debe ser automática y aburrida.

El marido puede fluir lo que está dentro de su corazón, y si su corazón está guardado en pureza, todo lo que haga en el lecho es original y producto del amor y el respeto.

Sin embargo, es una realidad negativa y ponzoñosa que los 4.5 millones de sitios de porno que existen en Internet, más las películas XXX, más las revistas pornográficas han contagiado a muchos hombres con un espíritu pecaminoso de *imitación.* Esta invasión mental y emocional les ha robado a estos varones su capacidad de originalidad; además de contaminar sus mentes con suciedad y pecado. Los varones que intentan que sus esposas se transformen en artistas pornográficas, se han olvidado que Dios les confió el cuidado del ser más bello de su creación. Su esposa es digna de respeto y usted no nació para ser un *imitador* sino un *creador.*

> *"Hacer el amor es la unión espiritual,*
> *emocional y física de un matrimonio*
> *que se ama con madurez".*

El Manual de Dios para el matrimonio es la Biblia. Hebreos 13:4 dice: *Honroso sea en todo el matrimonio y el lecho sin mancilla; pero a los fornicarios y a los adúlteros los juzgará Dios.* La palabra *honroso* significa: preciado, decoroso, decente, digno y noble. En el mundo actual hay un constante ataque para desvirtuar la honra del acto matrimonial. Las películas, las telenovelas y aun los anuncios que se presentan en la televisión ofrecen una amplia gama de oportunidades para promocionar la infidelidad, el engaño, la fornicación, el adulterio y toda clase de lascivia. Tristemente, muchos jóvenes de esta época se casan pensando que en algún momento de su matrimonio la infidelidad será parte de su historia. *Sin mancilla* es tener un lecho sin herida, llaga, mancha o dolor. Los "agentes exteriores" representados primordialmente por la pornografía, que es tan accesible en nuestro mundo, ha mancillado millones de lechos.

> *"Los 'agentes exteriores' representados primordialmente por la pornografía, que es tan accesible en nuestro mundo, ha mancillado millones de lechos".*

Son muchos los matrimonios que han llegado al consultorio a punto del divorcio, por causa de la invasión sexual ilícita que entra en los hogares a través de las películas pornográficas. Hay varones que llevan esas películas a su casa y obligan a sus mujeres a que vean ese material contaminante para poder satisfacer sus instintos machistas. El mismo versículo dice que Dios trae juicio sobre personas que no protegen la integridad del matrimonio. No me corresponde a mí especular qué tipo de juicio puede caer sobre esas personas, pero sí puedo aconsejarles a que busquen ayuda antes que el castigo tome lugar. ¡Mejor es tomar el liderato espiritual y transformarnos en aquellos que guardan la belleza del lecho matrimonial!

SEXO COMPLETO

La relación sexual es una de tres áreas en donde el matrimonio debe guardar cuidadosamente la unidad. Hay personas que tienen una excelente relación sexual, pero que en las demás áreas de su matrimonio viven un naufragio constante. En estos casos siempre considero muy importante que entiendan que "hacer el amor" y "tener sexo" son dos cosas distintas. *Tener sexo* está limitado a la satisfacción de nuestros instintos y necesidades corporales. *Hacer el amor* es la unión espiritual, emocional y física de un matrimonio que se ama con madurez. *Hacer el amor* es cerrar todo el círculo dado por Dios. Es tener el mismo enfoque espiritual, es el compartir las metas y las vivencias emocionales, y entonces culminar con la expresión física mutua que cierra el eslabón.

UN VISTAZO ALREDEDOR

Nadie puede negar el caos sexual que invade la generación actual. Lo que cuarenta años atrás en materia de exposición pública era totalmente inadmisible, hoy se ha enmarcado en una actitud permisible por la influencia de los medios de comunicación, las escuelas, el estado, la iglesia y hasta el hogar. Parece que hemos bajado los muros de contención, y me pregunto: ¿Hasta dónde caerán los varones en los próximos veinte años si no concientizamos a esta generación de la diferencia entre lo bueno y lo malo según el principio bíblico?

"El varón de esta generación tiene el reto, la oportunidad y la responsabilidad de flamear la bandera de la integridad sexual".

Para los papás y pastores el tratar de guardar a nuestros jóvenes en pureza es una lucha constante. Los noviazgos son manchados con la promiscuidad, y las confesiones del pecado de la fornicación han aumentado dramáticamente. ¡Es hora de levantar nuevos patrones que marquen la diferencia! El tiempo ha llegado de levantar la voz para ser escuchados y pararse firmes sobre los principios morales enseñados por la Palabra de Dios. El varón de esta generación tiene el reto, la oportunidad y la responsabilidad de flamear la bandera de la integridad sexual. ¡Es hora de plegarse al ejército de hombres de este calibre por amor a la próxima generación!

LA VIDA ÍNTIMA, UN REGALO DE DIOS

De los seminarios matrimoniales que junto con mi esposa presentamos en diferentes partes de EE. UU. y América Latina, han surgido toda clase de preguntas en cuanto al tema del sexo. Las personas se atreven a exponer con franqueza sus problemas, ya que las preguntas son anónimas y se recogen después de cada sesión en forma colectiva. Parece ser que uno de los temores es: ¿Cuánto es permisible y qué es aceptable y cuánto es legal o ilegal dentro de la vida íntima del matrimonio cristiano? No es posible cubrir aquí todo el tema que se genera en cuanto a la relación sexual, pero sí deseo presentar una serie de consejos que pudieran ayudar a orientar y beneficiar a los varones cristianos y sus esposas.

1. Primeramente, Dios creó al ser humano con la capacidad de disfrutar el placer sexual. ¡Este es un regalo del Señor! Es importante destacar que la mujer tiene la misma capacidad que el varón de gozar de este regalo. Digo esto por la cantidad de quejas que escucho de parte de los varones de que sus mujeres no le responden con la frecuencia que desean. De la misma manera, las mujeres tienen muchas excusas para presentarse como seres sexualmente inferiores al varón argumentando que no necesitan este intercambio con la frecuencia que muchos esposos desearían.

   Estoy convencido que Dios no creó un matrimonio desbalanceado sexualmente, con el varón con un "espíritu de león" y la mujer como gatita indefensa. El Señor colocó el mismo potencial de deleitarse, pero con expresiones diferentes. Ella fluye si la atmósfera que la rodea le anima a tomar los pasos de entrega hacia el varón. Aquí, el liderato del varón aflora otra vez. Cuando los hombres entienden este punto y *viven* en un estado amoroso con sus esposas, ellas responden con la misma intensidad que el varón y aun más. Estoy usando la expresión *viven* porque muchas veces los esposos son "cariñosos temporarios" dependiendo cuanto la necesidad apremia. Esta es una de las actitudes que más desanima a la mujer a esa entrega confiada que los hombres buscan.

2. El placer es un privilegio, ¡no una obligación! Conozco a varones que obligan a sus esposas a "bibliazos" a tener relaciones sexuales. Su escritura preferida es: "¡tu cuerpo me pertenece!" y "¡no puedes negarte!" ¡Qué triste, varón, que tenga que llegar a ese punto! Usted es el encargado de descubrir la razón del porqué hay una falta de interés de parte de su esposa en cuanto a disfrutar de este privilegio.

   En muchas damas existen temores o tabúes sexuales que han sido implantados desde su niñez por expresiones negativas de parte de madres y abuelas. El esposo que ha desarrollado una buena amistad con su esposa tiene la posibilidad de corregir con paciencia estos conceptos y sentimientos equivocados acerca de la vida íntima.

3. La relación sexual es ministrar a la necesidad del cónyuge. La palabra *ministrar* significa servir. Si tomamos la idea de servicio y entrega en la relación sexual, siempre estaremos pensando en el beneficio del cónyuge y no solamente en el disfrute personal.

El hombre que cree que se disminuye su imagen varonil por tener una actitud de siervo está muy equivocado; ya que aplica el mismo principio que Jesús enseñó: que *Él no vino a ser servido sino a servir*. En otra dinámica podemos decir que el varón que es un líder del hogar tiene una actitud de "siervo" en la cama. (El egoísmo es el enemigo número uno de la intimidad del matrimonio.) Esto significa que la relación íntima es para *dar* placer más que para recibirlo y que el mayor placer para un esposo es que su esposa esté satisfecha o "bien servida".

4. Los varones son los encargados de preparar a la esposa y conducirla amorosamente a su clímax. Para esto, el hombre debe tener control de sus impulsos sexuales. La mujer generalmente necesita más tiempo para llegar a un orgasmo, por lo contrario, usualmente los varones son más veloces. Entendiendo esa diferencia, el varón debe eliminar el apuro y prevenir la eyaculación prematura. El consejo para los numerosos hombres que llegan a mi oficina buscando ayuda para este problema es que entiendan que existen técnicas, junto con el dominio de la mente, que les ayudarán a resolver este problema.

También podemos agregar que la mujer debe entender la fisiología masculina. El hombre generalmente está listo para una relación sexual cada cuarenta y ocho horas. (Esto no significa que no tenga la capacidad de tener relaciones diariamente o más de una vez al día.) Cuando el varón pasa demasiado tiempo sin tener relaciones sexuales, puede llegar a tener mayores posibilidades de incontinencia. La ansiedad y el deseo reprimido también pueden ser factores de eyaculación prematura. Esto no justifica a que continúe con el problema. Les animo, ¡busquen juntos como esposos las soluciones!

ELIMINAR TABÚES Y MITOS

El conocimiento correcto elimina los tabúes (prohibiciones, obstáculos, preconceptos negativos) y mitos (cuentos, invenciones y tradiciones). La información debe proceder de fuentes autorizadas: por ejemplo, libros cristianos, terapeutas y consejeros matrimoniales preparados y también equipados por el Espíritu Santo, así como otros matrimonios sanos que han probado su buena relación y eficacia como mentores. Con eso quisiera advertir que los "consejeros callejeros" se encargarán de derrumbar su buen matrimonio. ¡Tengamos cuidado de quienes recibimos consejo!

TABÚES Y MITOS VARONILES

1. *Tamaño.* Muchos hombres no terminan de entender que el tamaño no es lo más importante en la técnica sexual. Las comparaciones (hechas en la juventud y aun de adulto) del pene con otros varones es un error garrafal. Esos jueguitos de adolescentes repercuten luego en la vida adulta. Así es como usualmente se crean los complejos que se fundamentan en el temor de no poder satisfacer a las esposas. El varón necesita entender la fisiología del cuerpo femenino. La vagina en si no es el órgano de mayor sensibilidad, sino el clítoris, este pequeño órgano necesita estimulación

delicada para incentivar a la esposa. La fuerza y el tamaño no hacen gran diferencia en este caso. Recuerden esposos que la ternura y la delicadeza pueden mucho más que la fuerza y el furor.

Por lo demás, debería relajarse con este tema, pues el estar demasiado consciente de sí mismo, puede perjudicarlo mentalmente para cumplir con el placer y deber conyugal. Varones, ¡dejen a "King Kong" en la jaula! Suelten a aquel "caballero" que Dios ha puesto dentro del corazón y que ha sido transformado por el nuevo nacimiento.

2. *Cantidad.* Las mujeres buscan calidad y los varones generalmente buscan calidad *y cantidad.* Los esposos deben recordar que aun en esta área de la vida el carácter de Cristo debe afectar el comportamiento. Nunca debe haber forzamiento o manipulación para conseguir la relación íntima. La relación sexual es producto de una buena relación diaria y una atención especial duradera. La dama necesita espacios apropiados (sin los niños), una atmósfera cálida y descanso físico. Sin embargo, los varones sólo necesitan ver alguna curva descubierta. Se puede tocar "la puerta", pero si no hay respuesta, recuerde que usted es un buen líder y como tal, ha aprendido a sujetar sus apetitos.

3. *Influencias exteriores.* Estos son los asesinos del verdadero placer sexual según la Palabra de Dios. *Tengan todos en alta estima el matrimonio y la fidelidad conyugal, porque Dios juzgará a los adúlteros y a todos los que cometen inmoralidades sexuales* (Hebreos

13:4, NVI). Estos son algunos elementos de los cuales
los líderes de hogar deben mantenerse alejados:

- La pornografía
- Las conversaciones morbosas en los trabajos o
  escuelas con los "sabelotodo" que siempre están
  dando "consejos" basándose en el concepto que
  la mujer es un *objeto* de placer.
- El sexo anal inculcado por algunas culturas.
- La violencia y el dolor como parte de la relación
  matrimonial.
- Las conversaciones con personas que no tienen
  la mente de Cristo.

¡Dejemos un legado diferente a nuestros hijos e hijas que
se están criando en una generación tan inmoral!

TABÚES Y MITOS FEMENINOS

1. *Mitos de las esposas.* La influencia negativa que muchas
   mujeres reciben desde su niñez se manifiestan como
   barreras psicológicas en la vida adulta. Las mamás y
   las abuelas que no han vivido un buen matrimonio
   tienden a hacer comentarios y manifestar actitudes
   negativas en cuanto al sexo opuesto y la vida íntima. El tildar a los varones de machistas, egoístas, in-
   comprensivos y abusadores va fijando en la mente de
   las criaturas un concepto equivocado de lo que debe
   ser la verdadera imagen varonil. Con esto no digo
   que estas desdichadas mujeres no estén sufriendo situaciones a veces insoportables. El punto es que al
   verbalizarlo frente a pequeñas vidas que un día serán

esposas y madres les inculca un concepto negativo y las ponen a la defensiva con este tema desde temprana edad. Muchas madres buscan refugio en sus hijas y las usan como paño de lágrimas para expresarles sus frustraciones matrimoniales; esto provoca un sentimiento negativo. Estas mamás no entienden que si la imagen del padre es desestimada por ellas, esas personitas luego tendrán que afrontar un sentimiento de sospecha hacia su futuro marido.

2. *El abuso sexual.* Si a todo esto le sumamos que muchas niñas han sufrido el abuso sexual por parte de algún varón (la mayoría de las veces es alguien en quien confiaban); el dolor y daño emocional las predestina a una mentalidad traumática en cuanto a los varones, esto repercute en el futuro matrimonio. Toda niñita abusada debe recibir terapia de sanidad emocional antes de contraer matrimonio.

3. *Mitos religiosos.* En los círculos religiosos se han sembrado conceptos erróneos en cuanto a la relación sexual. No se ha sabido manejar un equilibrio entre libertinaje y la libertad que Dios nos da. Las leyes y reglas basadas en una actitud de autojusticia no tienen respaldo bíblico. Esto hace que los matrimonios no tengan margen de libertad de expresión y el uso legítimo del placer dentro de los parámetros correctos.

SUGERENCIAS PRÁCTICAS

Las siguientes sugerencias prácticas se presentan como ayudas para mantener una relación sexual saludable. Si se respetan estos principios se puede disfrutar una calidad inalterable en la vida íntima. ¿El sexo hasta dónde? Sugiero el siguiente criterio:

Lo que se hace en la relación sexual:

- ¿Está de acuerdo a la Palabra de Dios?
- ¿Es de común acuerdo entre nosotros?—(el esposo y la esposa)
- ¿Está de acuerdo con nuestra conciencia?
- ¿Es saludable según el criterio médico?

Normas para la felicidad sexual:
- La relación es de común acuerdo y nunca forzada.
- Todo debe ser disfrutado por ambos.
- Entendimiento mutuo de lo aceptable y de lo que no es admisible.
- Rehusar agentes exteriores no aprobados por Dios. (Ej. La pornografía)
- Identificar tabúes que no permiten un fluir en libertad.
- No introducir prácticas de la vida pasada que ya han quedado bajo la sangre de Jesús y el perdón de Dios. (Estas prácticas del pasado perjudican la relación del presente.)
- Mantener higiene personal.
- Buscar la privacidad para tener la relación sexual. (Los niños no deben estar presentes, ¡ni dormidos!)
- Tomar tiempo para un intercambio de sentimientos y caricias.

- Eliminar el egoísmo.
- Recordar: ¡en el placer no hay dolor!

Si los matrimonios pueden guardar en sus corazones estos principios prácticos y sencillos, no tardará el mejoramiento de la relación sexual. Acercarse al modelo de la Palabra de Dios es responsabilidad del líder del hogar; sobre todo hay que asegurarse de no perder la brújula entre las sábanas de tu lecho matrimonial.

CAPÍTULO 7

SEMBRAR ACTOS DE RESTAURACIÓN

"¡Esto es imposible! No me pidas eso. Ya lo hice una vez, pero esto es demasiado. ¿Cuántas veces tendré que pasar por este dolor? Dios, ¡ya no lo puedo soportar!". Oseas, caminaba desesperado por el camino polvoriento de Judea mientras argumentaba con Dios. En alguna medida, el Gran Yo Soy le estaba ayudando a entender el difícil precio de la restauración y que la vuelta al estado original es un camino sembrado de negación personal de vergüenza y de dolor. Oseas bajó la cabeza y con la bolsa de dinero apretada en las manos, se fue directo a comercializar la vuelta de su esposa. Ahora tenía la tarea de ganarle el corazón otra vez. Cada día un gesto sincero, cada mañana un piropo, cada atardecer un acto caballeroso, así aprendió a entender el corazón de Dios con su pueblo Israel que tantas veces le había sido infiel (basado en Oseas 3:1-5).

E L CREADOR TENÍA un pleiteo con los hebreos que finalizaría con la rendición voluntaria de Judá. Así también Oseas se ganó el corazón de la adúltera con quien Dios le mandó casarse, ¡y no una vez! El profeta Oseas no sólo ganó una mujer, también ganó un mensaje que se está escribiendo en muchos hogares que hoy en día han sido devastados por el dolor de la infidelidad y la irresponsabilidad, pero que se atreven a edificar el camino difícil de la restauración.

El hombre del hogar y líder de su familia tiene que comprender y aceptar que el camino a la madurez familiar está sembrado de actos de restauración. *Restaurar* significa volver a su estado original, enmendar lo quebrado, hacerlo sano y efectivo otra vez. Las restauraciones de las relaciones familiares pueden abarcar desde algo simple y cotidiano como el arreglo de una acalorada discusión que no terminó en buenos términos, hasta la reconciliación de la ruptura total de la confianza por hechos graves como la infidelidad. En cualquiera de los casos que la infección ocurra los principios que traerán sanidad generalmente son similares.

EL AZOTE DE LA INFIDELIDAD

Cuando las relaciones se quiebran en la pareja es absolutamente necesario encontrar a uno de los individuos con la disposición de tomar la iniciativa. El líder, el hombre de punta, debería ser el que da el primer paso al frente para enmendar lo quebrado. Cuanto más rápido se comienza a dar pasos hacia la sanidad, menos será el daño que agrega el silencio y la distancia. Es un yerro común y recurrente pensar que "si ignoro el problema y trato de dejarlo en el rincón del olvido, todo volverá a ser normal". ¡Sorpresa! No solamente no volverá a ser normal sino que la herida ahora estará infectada por la falta de atención y si se deja como está, existe la gran posibilidad de desarrollarse en una gangrena. La realidad es que el tiempo por sí solo no sana.

El camino a la normalidad es cuesta arriba y no es muy

placentero, pero definitivamente no me dejará igual que antes. Todo comienza con esta verdad: *debo tomar responsabilidad por mis acciones*. Esto significa que yo y sólo yo soy el culpable, aunque la otra persona haya hecho el mismo daño. Si el hombre no toma la carga de la derrota, perderá la oportunidad de ser un verdadero líder. Aquí ya no se trata de ¿cuánto quiera salvar mi reputación?, si no de ¿cuán dispuesto estoy a traer sanidad a mi condición y a mi matrimonio o familia?

"Debo tomar responsabilidad por mis acciones".

Al tratar muchos casos de infidelidad a través de los años de ser consejero matrimonial he visto que los que más demoran en sanarse son los que desplazan el hecho de ser responsables. He visto decenas de casos en que el hombre viene preparado con una lista de razones por los cuales cometió la infidelidad. Por supuesto "la esposa es siempre la culpable de algo que lo empujó a él a que diera ese mal paso". Estas quejas pueden ser desde: "ella es fría", hasta "no me entiende". Otros dicen: "si fuera más apasionada", o "si no me diera tantas órdenes", "si cocinara mejor", "si limpiara más", "si gastara menos", "si me atendiera más", "si me diera más placer sexual" y tantas otras cosas. El punto que siempre trato de acentuarles es que por el camino de la autojustificación no hay salidas. La única manera de salir del laberinto del error es por la senda de admitir responsabilidad. Los casos que más rápido se recuperan son los que no señalan, los que no acusan, los que sienten dolor por su error, los que ven los pedazos rotos y están dispuestos al trabajo de levantarlos, uno por uno, para volver a formar el cuadro destrozado.

LA VERDADERA RESTAURACIÓN

La verdadera restauración comienza con el *verdadero arrepentimiento* y quiero hacer un énfasis muy claro en lo que significa estas dos palabras. *Arrepentimiento* significa un cambio de actitud mental, y esto incluye la manera de pensar y un giro completo de mis acciones y dirección equivocada.

Me atrevo a decir que en el caso de la infidelidad se necesita más que una simple *promesa* de buena conducta. Para estos menesteres es necesario pedirle a Dios *el don* del arrepentimiento. Este reconocimiento es una convicción tan profunda que lastima hasta lo más hondo de tu ser. El don de arrepentimiento es un regalo de Dios; es el poder entender desde su punto de vista el dolor que ha causado a su corazón y al cónyuge afectado. He visto cientos de hombres que lloran tratando de volver a conseguir el afecto de sus mujeres u obtener otra oportunidad, pero como consejero, pocos me han convencido de su veracidad. Por supuesto no es cuanto lloran sino *como* lloran que hace la diferencia. Puedo recordar hombres que se han puesto de rodillas jurando y prometiendo que jamás volverá a suceder, para solo encontrar la mirada incrédula de sus esposas y para agregar, "tampoco me impresionaron a mí".

Les doy una lista de *llantos* equivocados, como por ejemplo: rabia por haber sido descubierto, vergüenza por haber sido expuesto a otros, autojustificación porque "no fue tan horrible como otros casos de infidelidad". A estos agregamos la angustia por la reputación arruinada, autolástima por no ser entendido, dolor por tener que ser disciplinado, celos por no ver pasar a otros por ese trato, sentido porque "soy la víctima, deprimido porque no me perdonan". Estos son algunos ejemplos de "llantos inútiles" que no producen resultados favorables; ¡esto no es verdadero arrepentimiento!

> *"El hombre, hecho a la imagen de Dios,*
> *debe mantener su dignidad, y el camino*
> *más seguro para esto es vivir con y en*
> *el espíritu de arrepentimiento".*

El verdadero arrepentimiento admite, reconoce y toma responsabilidad de que el camino al pecado fue cuidadosamente trazado por la propia concupiscencia del agresor. Nadie le obligó a doblarse ante la posibilidad. Si no se aprende a tomar una actitud contundente con las sugerencias del enemigo y las oportunidades que la vida da, el varón terminará en los brazos de la ajena. El hombre, hecho a la imagen de Dios, debe mantener su dignidad, y el camino más seguro para esto es vivir con y en el espíritu de arrepentimiento.

Podemos aprender del ejemplo del gran rey David cuando el profeta Natán lo acabababa de confrontar con el pecado bochornoso del adulterio. ¿Acaso este rey no podía haber usado algunos argumentos para zafarse de tremendo brete? Asumamos que David le hubiera dicho a Natán: "Ah, pero tú no viste lo que yo vi. Además esta señora sabía muy bien que desde mi balcón yo podía verla cuando ella se estaba bañando. Pues, Natán, ¡entiéndame! Ella me provocó, sabía lo que estaba haciendo, y finalmente me ganó la debilidad". Ya conocemos la historia, eso es justamente lo que *no* hizo David.

El verdadero arrepentimiento lo llevó a expresar oraciones sublimes y profundas como:

- Borra *mis* rebeliones

- Lávame de *mi* pecado
- Límpiame de *mi* pecado
- Reconozco *mis* rebeliones
- Contra ti *he* pecado

David no apuntó a nadie, no se escapó por la tangente de su posición de rey; David pudo conocer el corazón de Dios. Luego, en el mismo Salmo 51, le ruega a Dios que *un espíritu noble lo sustente*, eso es el verdadero arrepentimiento. Su oración se selló delante de Dios al reconocer que sólo Dios podía *crear* un corazón limpio; ese es el don de Dios. David es un hombre que no puede vivir sin su brújula; necesita la bitácora para poder escribir cada canción, cada pensamiento y meditación. Puedo ver el dulce cantor de Israel desesperado sin norte, sin fuerzas por la falta de la presencia de Dios. Por fin puede volver a clamar, sin justificaciones y sin tapujos; desnudo ante la realidad del pecado, pero con la esperanza de recuperar su brújula.

**"El sentirse víctima es cruel y no deja
ver las cosas como Dios las ve".**

Hace un tiempo recibí en mi oficina a un matrimonio que había atravesado por el azote del adulterio. El hecho de que el esposo cometiera esta infidelidad era suficiente motivo para que su esposa terminara con él, pero para ella lo más duro de superar era la mentira que fue parte de todo un proceso de engaño. Hay varones que confiesan inmediatamente su pecado y todo se hace mucho más fácil en la terapia de restauración. Este caso no fue así. Pasaron años de secretos, de tapar la verdad con mentiras fabricadas maestramente. Finalmente su esposa lo descubrió abrazado de su amante en un restaurante de la cuidad, aquello fue el acabose. Cuando ellos se presentaron para su primera consulta, ese señor no paró de llorar desde que entró hasta que salió. Todo ese "teatro" no me dejó satisfecho y comencé a observarlo detenidamente. El mismo cuadro se repitió varias veces en consiguientes terapias. De pronto di con el problema: él no podía arrepentirse porque aún se sentía víctima de sus circunstancias y comenzó a decirle a su esposa una larga lista de factores negativos que ponían a su mujer en el blanco de la culpabilidad. El sentirse víctima es cruel y no deja ver las cosas como Dios las ve.

Debido al cuadro que presentaba este paciente, decidí cambiar mi táctica de ayuda. No podía asistir a la pareja sin primero llevar a este hombre a la actitud de tomar responsabilidad por sus hechos, luego de semanas pudimos ver la luz y desde allí comenzamos el proceso de la reparación. Una de las medicinas que tuve que aplicarle a este varón fue que él pudiera entender que su relación amorosa ilícita, no era un hecho aislado. Esto significa que la tentación que lo llevó a ceder y aceptar esta relación ilegal estaba basada en un camino *planificado*. Su camino estaba sembrado de pensamientos y actitudes que formaron una grieta suficientemente grande para que este hecho se produjera.

Lentamente este señor aceptó su responsabilidad. Cada vez que un ingrediente de la verdad hacía su incursión, no sólo en su mente sino también en su corazón, él fue liberándose del peso de su pecado. Aunque todavía este matrimonio está bajo la sombra de los recuerdos, el sol de la verdad ya apareció en el horizonte y ahora el tiempo finalizará el trabajo.

Los varones deben luchar en contra de la ola de perversidad que se ha lanzado en esta generación para destruir el hogar. La aceptación de fantasías en muchos casos se ha hecho una costumbre. Los pensamientos que siguen después de las comparaciones basadas en la avalancha de temas sexuales que la televisión y sus novelas ofrecen, pueden ayudar a formar un cuadro que deteriora la inocencia de la pareja.

Otro incidente de hace varios años atrás fue el de Juan (nombre ficticio). Juan fue descubierto accidentalmente por un regalo que él trajo a su casa. Su esposa no creyó que fue dado por un amigo y comenzó sigilosamente su trabajo de investigadora. Esto la llevó a la triste realidad, que su amado esposo estaba compartiendo su amor con una compañera de trabajo. La rehabilitación de este matrimonio fue vertiginosa. La razón fue que desde el primer momento Juan aceptó su responsabilidad, al punto que quería el divorcio no porque estaba enamorado de su amante sino porque se sentía que él no merecía el amor de su mujer. No dijo ni una sola palabra de queja o acusación hacia ella. Recuerdo claramente que no podía levantar su rostro por la vergüenza y el dolor.

En aquella oficina se produjo uno de los cuadros más tiernos que he visto y fue cuando su esposa le otorgó el perdón, a pesar que su corazón estaba destrozado. En ese lugar flotaba la atmosfera del verdadero arrepentimiento. No hubieron muchas lágrimas, pero era evidente que el ingrediente principal estaba allí: Contra ti he pecado.

En esos días yo estaba dando una conferencia en la iglesia de la cuidad donde vivía Juan. Él estaba en el primer banco y cuando las canciones se elevaron al Señor, comenzó a llorar como un niño en la presencia de Dios. Este es el elemento más eficaz de la consejería: La presencia de Dios manifestándose en la realidad de un corazón arrepentido. Yo podía estar seguro que Juan nunca sería el mismo hombre.

Resumiría estos ejemplos diciendo que la resolución de una restauración está totalmente basada en el verdadero arrepentimiento.

ALGUNOS CONSEJOS PARA LOS AFECTADOS

Para la persona agredida: ¡Paciencia, paciencia, paciencia! El proceso de la restauración debe estar inundado de paciencia. Lleva mucho tiempo el poder juntar los elementos vitales de la consejería para obtener el resultado favorable. El camino tiene altibajos, tiempos de alegría, tiempos de dolor, desilusiones, retrasos, temores, y preguntas. No todas sus preguntas tendrán respuestas, pero, tiene derecho a preguntar para no vivir con el tirano de la suposición. Aprenda a perdonar con el perdón que ha sido perdonado por Dios. El perdón es un proceso que comienza con una decisión. Los recuerdos son los últimos en partir del cuadro. No se quede solo, busque consejeros y amigos que estén a su lado en momentos de crisis. La crisis es normal, pero debe decrecer con su proceso de fortaleza interior. ¡Usted no es víctima!, si cae en ese hoyo es difícil salir.

Encuentre los brazos de su amado Señor Jesús porque *Él es fiel*. No mire por el lente del fracaso, su derrota debe ser su escalera a la victoria. Tenga cuidado con quien comparte su dolor. Los consejeros errantes dan sus opiniones, pero no asumen el trabajo. No comparta su dolor con sus hijos hasta que sean maduros para entender lo que ha pasado y aun así, pida sabiduría a Dios.

Para el agresor: No trate de arreglar con palabras, lo que sólo su conducta puede reparar. Acepte la realidad que ha perdido la confianza de la persona más importante de su vida. Entienda que ganar su confianza será un camino cuesta arriba y plagado de preguntas incómodas. Mentalice que será vigilado, cuestionado y controlado por las demandas de su cónyuge.

Recuerde estos principios:

- *No* tome el papel de víctima
- *No* acuse
- *No* demande
- *No* se excuse
- *No* pidas más de lo que se le da
- Controle sus apetitos
- Busque a Dios para que sea su refugio

Entre en un régimen de disciplina que va desde lo que habla, lo que piensa, lo que mira, con quien se asocia y los deportes que practique.

Busque urgentemente un mentor; entienda que Dios mismo trabajará con un corazón verdaderamente arrepentido.

Y recuerde, no puede dictar el tiempo que su cónyuge necesitará para otorgarle el perdón que usted desea. No está en la posición de demandarlo. ¡Espere con paciencia!

CAPÍTULO 8

EL VARÓN QUE ADORA

El balido de las ovejas se escuchaba a la distancia como
una canción lastimera. Abel estaba separando un corderito,
lo cual abrió paso a un pequeño alboroto en la manada.
Por otro lado su hermano Caín laboriosamente arranca
el fruto de la tierra para traer su ofrenda a Dios. Dos
altares eran construidos simultáneamente con la misma
intención. Caín trató de honrar a Dios con la fuerza
de su vigor; Abel trajo un corderito, la revelación de
Cristo, el Cordero de Dios (basado en Génesis 4:3-8).

EL MENSAJE

DE ALGUNA MANERA, Abel introducía el mensaje solemne y sencillo de cómo alegrar el corazón de Dios. Esta comisión tiene el fin de alinear al hombre con su Dios.

Caín trajo ofrenda producto del esfuerzo de su trabajo; Abel trajo vida que fue rendida en holocausto. Dios encontró satisfacción en la ofrenda de Abel; y Caín no dejó de notar la aprobación que Dios le otorgó a su hermano. De pronto, su corazón se abrió a la envidia y la amargura. Es allí cuando el enemigo, Satanás, tejió una telaraña de pensamientos en el razonamiento de Caín hasta convencerlo de que eliminar al adorador le daría el único lugar delante de Dios.

Mucho antes, en la línea del tiempo, Lucifer (Satanás) fue expulsado del cielo por su intento traicionero de robar la adoración del Creador (Isaías 14:12-15). Antes de su destierro alcanzó a sublevar un tercio del ejército de ángeles celestiales y con ellos partiría a un lugar de eterno castigo producido por la ausencia de la presencia de Dios. En el cielo hubo un solo conflicto y fue por causa de la adoración. El diablo odia a los adoradores y Abel era una amenaza latente contra el infierno.

Los padres de Abel vivieron en un jardín confeccionado por las manos de Dios. Lo más precioso de ese lugar era que Dios plantó allí a dos adoradores: Adán y Eva, quienes por un tiempo caminaron en adoración, comunión y amistad con Dios.

EL PELIGRO DE LA SOLEDAD

El ladrón al ver a Eva caminando sola entre los árboles del Jardín de Edén, aprovechó para plantar la apetecible tentación que la despojaría de su más preciosa y trascendental tarea, *adorar a Dios*. El pecado apagó la adoración. El hombre, seducido por la misma arma, cae en la misma suerte. El jardín pierde su belleza; los adoradores han caído.

Aparentemente, Lucifer logra su cometido, hasta que un joven llamado Abel vuelve a traer la gloria del Padre a la tierra. Ahora es Caín quien fue contaminado con la idea de terminar con el adorador. Caín había terminado su tarea y Satanás volvía a reír, sin embargo, la sangre de Abel protesta su derecho sobre la tierra. Satanás sabía que la ausencia de adoración provocaría un crecimiento de las tinieblas; él se siente ganador otra vez. Los días siguientes se opacaron con el silencio que produce la muerte del adorador.

"El ser humano no puede realizarse completamente sin adorar a Dios".

Dos años después de la muerte de Abel, Eva proclama el nacimiento de Set, el pequeño que supliría al adorador que Caín vilmente había exterminado. La risa burlona de Satanás comenzaría a desaparecer por la palabra profética que pronunció Eva al nacer su flamante hijo. *Me ha substituido otro hijo en lugar de Abel quien mató Caín* (Génesis 4:25). Ciento cinco años después, la visión de Eva se cumpliría en su nieto Enoc; los hombres comenzaron a buscar a Dios. El reino de tinieblas empieza a temblar; ¡los hombres adoran a Dios otra vez!

Es preciso que los varones de esta generación entiendan el llamado a ser adoradores que Dios ha depositado en ellos. Desde el día que Dios tocó aquel pedazo de tierra y su aliento transformó la arcilla en un ser viviente; el hombre está conectado con el Creador. El ser humano no puede realizarse completamente sin adorar a Dios. Podrá incorporar placeres, logros, bienestar, éxito y poder, pero no habrá encontrado su verdadera identidad hasta que sea un adorador. Adorar es liderar; es abrir camino en lo invisible. Los hombres que adoran tienen en claro su norte espiritual. Los hombres que adoran marcan a sus generaciones con bendiciones que se derraman por sus acciones de entrega y sus corazones rendidos a Dios.

UN LEGADO ETERNO

La tarea más sagrada que tenemos en esta vida es poder transmitir a nuestros hijos este mensaje que está impreso en el corazón de Dios; y es el mismo que Cristo derramó en el corazón de una mujer de Samaria: *el Padre busca adoradores.*

Allí estaba el pozo de Jacob. Jesús, fatigado del camino, se sentó junto al pozo. Era cerca del mediodía. Sus discípulos habían ido al pueblo a comprar comida. En eso llegó a sacar agua una mujer de Samaria, y Jesús le dijo: —Dame un poco de agua. Pero como los judíos no usan nada en común con los samaritanos, la mujer le respondió: —¿Cómo se te ocurre pedirme agua, si tú eres judío y yo soy samaritana? —Si supieras lo que Dios puede dar, y conocieras al que te está pidiendo agua —contestó Jesús—, tú le habrías pedido a él, y él te habría dado agua que da vida. —Señor, ni siquiera tienes con qué sacar agua, y el pozo es muy hondo; ¿de dónde, pues, vas a sacar esa agua que da vida? ¿Acaso eres tú superior a nuestro padre Jacob, que nos dejó este pozo, del cual bebieron él, sus hijos y su ganado? —Todo el que beba de esta agua volverá a tener sed —respondió Jesús—, pero el que beba del agua que yo le daré, no volverá a tener sed jamás, sino que dentro de él esa agua se convertirá en un manantial del que brotará vida eterna. —Señor, dame de esa agua para que no vuelva a tener sed ni siga viniendo aquí a sacarla. —Ve a llamar a tu esposo, y vuelve acá —le dijo Jesús. —No tengo esposo —respondió la mujer. —Bien has dicho que no tienes

esposo. Es cierto que has tenido cinco, y el que ahora
tienes no es tu esposo. En esto has dicho la verdad. —
Señor, me doy cuenta de que tú eres profeta. Nuestros
antepasados adoraron en este monte, pero ustedes los
judíos dicen que el lugar donde debemos adorar está
en Jerusalén. —Créeme, mujer, que se acerca la hora
en que ni en este monte ni en Jerusalén adorarán us-
tedes al Padre. Ahora ustedes adoran lo que no cono-
cen; nosotros adoramos lo que conocemos, porque la
salvación proviene de los judíos. Pero se acerca la hora,
y ha llegado ya, en que los verdaderos adoradores ren-
dirán culto al Padre en espíritu y en verdad, porque
así quiere el Padre que sean los que le adoren. Dios
es espíritu, y quienes lo adoran deben hacerlo en es-
píritu y en verdad. —Sé que viene el Mesías, al que
llaman el Cristo —respondió la mujer—. Cuando él
venga nos explicará todas las cosas. —Ése soy yo, el
que habla contigo —le dijo Jesús. En esto llegaron sus
discípulos y se sorprendieron de verlo hablando con
una mujer, aunque ninguno le preguntó: «¿Qué pre-
tendes?» o «¿De qué hablas con ella?» La mujer dejó su
cántaro, volvió al pueblo y le decía a la gente: —Ven-
gan a ver a un hombre que me ha dicho todo lo que
he hecho. ¿No será éste el Cristo? (Juan 4:6-29, NVI).

Ese mensaje eterno y sublime, que ni siquiera podemos
entender en forma total, sigue siendo el anuncio del cielo.

Los varones tienen la tendencia a la ocupación, el pro-
greso y el logro; mucho de nuestro tiempo se esfuma en
estas tareas, mientras tanto, el cielo sigue en su incansable

búsqueda: ¿Dónde están los adoradores? Humanamente
hablando, la mujer samaritana no pareciera una persona
digna de recibir semejante mensaje. Cabe aquí la pregunta:
¿Por qué Jesús no le habló de este tema a los discípulos? Podríamos especular con muchas respuestas. Primordialmente
creo que debemos enfocarnos en la condición de esta mujer.
Ella no es digna, no hay nada en ella que se acerque al mere-
cimiento de aquella conversación, ni el planteamiento de tan
grande anuncio. En la conversación que sostiene el Señor
Jesús con ella se refleja una serie de datos importantes. Antes
que Cristo le revelara la intención del Padre celestial de incorporar adoradores en las filas de esa generación, Jesús tiene
que enfrentarla con la realidad de su condición, que era la
segunda parte del mensaje del Mesías: *los verdaderos adoradores adoran en espíritu y verdad.* No se puede adorar si no es
en el espíritu. No se puede adorar si no hay verdad.

La conversación que Jesús elabora con la mujer samaritana va subiendo progresivamente desde la necesidad de obtener agua fresca del pozo de Jacob al mandato electrizante del
Maestro: "Busca a tu marido". Ese era un momento perfecto
para la mentira, la careta o por lo menos el disimulo. Escapar
y evadir la verdad es una tentación muy seductiva. La verdad
es horrible, la verdad me deja desnudo, pero solo hasta que
la acepto.

La mujer le contestó: "No tengo marido". Ante esa pequeña verdad, el Carpintero de Belén le ayudó con el resto
de su historia. Nos maravillaríamos si pusiéramos en práctica la actitud de la samaritana. Cuando comenzamos a
correr hacia la verdad, ella nos alcanza en la salida. Jesús
dijo: "Cinco maridos has tenido y el de ahora ni siquiera

es marido". Cada vez que somos enfrentados con nuestra condición pecaminosa tenemos la oportunidad de cerrarnos y escaparnos, lo cual nos alejaría de la posibilidad de ser adoradores. Sin embargo, cuando la luz es aceptada el cielo desciende más cerca, y de pronto tenemos el camino abierto para *adorar en espíritu y en verdad*.

La mujer comienza a darse cuenta que algo anormal está pasando. Ese día no parece igual a otros; las emociones están alteradas, pero un sentimiento de esperanza la empieza a invadir. Al no poder expresar con claridad lo que le sucede, sólo se atreve a reconocer que también el hombre que está delante de ella es diferente. De pronto susurra: "Me parece que eres profeta". Lo que estaba diciendo es: "Siento profunda convicción de mi pecado, mi reputación negativa no me era molesta, podía justificar mi estilo de vida, pero ahora, me siento sin excusas, no puedo correr y el cielo ha bajado a este lugar". Los profetas en aquel tiempo eran la representación de Dios en la tierra; eran la voz de Dios para la gente. La samaritana, en otras palabras estaba diciendo: *me he enfrentado con la divinidad*. Sobre la base de la verdad Cristo podía desarrollar el mensaje del amor del Padre. Ahora sí, se cumple la Palabra: *con misericordia y verdad se corrige el pecado* (Proverbios 16:6). La verdad estaba expuesta, y el Representante de la misericordia estaba en ese lugar.

Muchos de los mensajes modernos que se presentan en la iglesia moderna evitan la confrontación con la realidad del pecado. Es preferible mantener a la gente contenta y sin llegar a la ofensa que podría producirse por sentir la desnudez espiritual. Eso podía haber hecho Jesús en ese encuentro en el pozo de Jacob: ¿Por qué no satisfacer la necesidad de la samaritana, la cual era de un poco de agua para calmar la sed de la urgencia y olvidar lo importante y eterno? De todas maneras, hubiera sido una obra de misericordia.

¿Quieres agua? Aquí está, ve en paz hasta la próxima sequía. Sin embargo, para Jesús esto no era suficiente; hay algo más sublime y real que suplir solamente la sanidad para aquel dolor. Hay un mensaje precioso escondido detrás de ese encuentro con la verdad. Esa realidad que quizás no es muy bienvenida, es absolutamente necesaria para engendrar adoradores. Con razón David oraba: *Envía tu luz y tu verdad, estas me guiarán a tu santo monte* (Salmo 43:3). Ese monte, que representa la presencia de Dios, puede escalarse sin límites, a medida que la obscuridad desaparezca de nosotros. David conocía el lugar de la adoración que Dios mismo inspiraba en él. Era tanto el aprecio que él tenía por aquel lugar junto a Dios que en su desesperación por acercarse más a su Amado, relató estas palabras: *¿Quién podrá entender sus propios errores? Líbrame de los que me son ocultos* (Salmo 19:12).

¿Cómo podemos saber si nuestra adoración es *en espíritu*? Jesús hizo muy clara la distinción de adorar *en espíritu*. El único agente que separa el *espíritu y el alma* es la Palabra de Dios, revelado en la Biblia. *La palabra de Dios es viva, eficaz y más cortante que toda espada de dos filos: penetra hasta partir el alma y el espíritu, las coyunturas y los tuétanos, y discierne los pensamientos y las intenciones del corazón* (Hebreos 4:12, rvr1995). La contundencia de la Palabra de Dios es evidente. *Viva* porque siempre habla; *eficaz* porque siempre produce.

El escritor del libro de Hebreos, inspirado por el Espíritu

Santo, va más allá todavía, y aclara el efecto de la espada que es el discernir las intenciones del corazón y los pensamientos. En otras palabras, el motivo por lo cual hago lo que hago, la razón por la que pienso lo que pienso tiene que pasar por el filtro de la Palabra de Dios. La adoración no puede enfocarse en nada más que en Dios. Él es el tema, el motivo, el medio y el final. Por esto Jesús, frente a la samaritana, no pudo detener su enfoque simplemente en el alivio de la mujer sino en la esencia de la intención de Dios de darle la oportunidad de ser una adoradora.

> *"La adoración no puede enfocarse en nada más que en Dios. Él es el tema, el motivo, el medio y el final".*

Este mismo mensaje dado a la samaritana sigue buscando receptores. En la cisterna actual hay una multitud de hombres y mujeres buscando alivio a sus problemáticas. Los hombres de este tiempo deben tomar la oportunidad de abrazar el llamado a la magna tarea de ser verdaderos adoradores.

CAPÍTULO 9

¿POR QUÉ ESTOS VARONES NO ADORAN?

La curiosidad de los sirvientes no se hizo esperar; poco a poco
comenzaron a asomarse a la sala invadida por una fragancia
exquisita. Los susurros de los invitados hacían más electrizante
el momento. Una mujer de no muy buena reputación vertió
una valiosa esencia sobre los pies del Maestro. Aquel momento
parecía interminable y sin explicaciones. El Hombre de Galilea
lo destacó como especial y singular (basado en Lucas 7:16-50).

E<small>L AROMA DE</small> las ricas comidas envolvía el ambiente de
fiesta en la casa de Simón. El invitado especial era Jesús
de Nazaret. La música, las delicadas comidas y un sentimiento de alegría formaban el círculo de aquella tarde ma-
gistral. Mientras los invitados gozaban del suculento manjar,
Jesús es sorprendido con una acción inesperada. Una mujer
entra en aquel comedor trayendo algo en su regazo. Su caminar no es agresivo, a medida que se acerca al Maestro,
se va inclinando, dando la apariencia de querer desaparecer. No tiene intenciones de que la vean, no quiere distraer
ni perturbar el momento y menos aún, llamar la atención.
Algo la motiva a llegar hasta los pies de Cristo. Incapaz de
retener sus lágrimas va acercándose por detrás del maestro.

Su llanto no era de autolástima, ni dolor, tampoco de frustración, sino de un profundo agradecimiento mezclado con una verdadera humildad. Nadie entiende lo que pasa.

Los varones que estaban allí junto a Jesús piensan en su atrevimiento. Ella siente sus miradas desafiantes e inquisitivas. El silencio cerró el cuadro de aquella sala y de pronto de dentro de sus vestidos sacó una cajita, su tesoro, sus ahorros, lo mejor, lo más costoso que tenía; un frasco de perfume de los más preciados y quebrándolo lo derramó sobre Jesús. Mientras sus lágrimas lavaban los pies empolvados del Maestro, su largo cabello le servía de toalla natural. Jesús levantó sus ojos y clavó la mirada en los indagadores ojos de Simón. Cristo le leyó el corazón, sabía lo que estaba pensando. De pronto, entre los sirvientes sorprendidos emerge la figura de Simón que parecía estar más alto que todos; no hay duda que se sentía mejor que la mujer que se inclinaba a los pies de Jesús. Agregaba a su arrogancia el sentimiento de desprecio por el poco juicio del Maestro. "¡Si supiera quien es!" .

Jesús escuchó cada palabra, miró cada corazón y probablemente fue con una sonrisa que colocó a esta mujer en la sala de la fama. Las palabras del Nazareno seguramente hicieron un impacto en el silencio. "Simón", dijo Jesús: "El amor verdadero no tiene precio, sólo puedes amar tanto como puedas comprender profundamente cuan indigno eres. Esta mujer ha sido perdonada de mucho pecado, por eso puede dar lo mejor de sí. Ella no deja de besar mis pies. No lavaste mis pies, como lo hacen los sirvientes, sin embargo, ella los lava con sus lágrimas, las cuales tu no entiendes" (basado en Lucas 7:36-50).

El caminar junto a Jesús no te garantiza que entiendas la adoración, ¡menos aún que seas un verdadero adorador! Puedes invitar a Jesús a la fiesta, y tener un buen tiempo, cantando, danzando, tocando trompetas y tambores, ¡pero esto no cuesta mucho! Sólo Jesús entendió lo que en aquel comedor aconteció y él mismo se encargó de transmitir un mensaje inmortal. Les comunicó que esa expresión sublime que acababan de contemplar era fe, era revelación, era no guardarse nada. No era aparentar, ni era cuidar de su reputación. ¡Esto era adorar!

> *"El caminar junto a Jesús no te garantiza que entiendas la adoración, ¡menos aún que seas un verdadero adorador!"*

Tantos hombres sentados a la mesa y sólo una mujer pudo adorar. El "llamado de Abel" del cual hablamos anteriormente, pareciera desvanecerse en ese grupo de hombres bien intencionados, pero poco entendidos. Se puede estar tan cerca y tan lejos, o tan lejos y tan cerca como la mujer pecadora. Todo varón, nacido de nuevo, tiene la oportunidad de cruzar el umbral de la sala de fiesta, para internarse en la intimidad de la adoración.

La verdadera adoración es conflictiva, siempre despierta polémica. En otra historia, cuando Jesús es ungido en Betania en casa de Simón, llamado el leproso (Marcos 14:3-9), son sus discípulos los que tropiezan con la acción de una adoradora. Rápidamente sacaron cuentas de cuantos pobres podrían haber sido ayudados con el valor del precioso ungüento.

El pueblo de Dios necesita reenfocarse en que este tipo

de evangelio no tiene que ver con *cosas*; sino que tiene que ver con una Persona. No se trata de lo que "yo pueda hacer"; se trata de cuanto "yo me pueda entregar" para perderme a los pies del Maestro. Jesús aprobó a la mujer y desaprobó a los discípulos. Les hizo entender que ante ese momento sublime todos sus pensamientos eran como una molestia o una manera de estorbo para el fluir del río de adoración que emanaba de esa mujer.

BRILLAR SIN VER LA LUZ

En el mundo moderno el sufrimiento no es materia atractiva, sin embargo, el triunfalismo es muy llamativo para las masas. He aprendido mucho de personas que sufren y que en algunos casos, no reciben respuestas a sus desesperadas peticiones. Es posible que estos individuos nunca se paren detrás de un pódium ni en una plataforma para contarle al mundo sus grandes reportes. Seguramente nadie los contratará para escribir un libro y menos invitarlos a alguna conferencia para contar algo de tanta aflicción.

Definitivamente, puedo asegurar que estos cristianos han aprendido a adorar a Dios teniendo el engranaje partido, con la herida sangrante y con preguntas sin respuestas. Estos son hombres a los cuales la vida no les ha sonreído, pero que han aprendido a sonreír. No ha sido fácil para mí liderarlos, no porque sean un problema personal, sino que en sus circunstancias tan difíciles, no he podido ser parte de su solución, aunque lo intente de muchas maneras.

Con estos varones caminamos un largo camino de sin sabores, especialmente cuando los ruegos parecían caer en el vacío y en algunos casos, nunca llegaría aquella contestación que se esperaba. Trataré de poner en palabras sus historias verdaderas que desgarran el corazón, pero que a la vez son tan inspiradoras.

UN HIJO MUY AMADO

Sus ojos se cierran suavemente con cada suspiro. Su cuerpo yace inmóvil, debilitado por aquel cáncer casi inexplicable. Él fue un muchacho de su hogar y creció en la iglesia. ¡Tantos sueños de su papá; tantas ilusiones tejidas por su mamá! ¡Tantas oraciones que fueron levantadas por su familia, su iglesia, sus amigos y parientes! ¿Dónde está Dios? Su cama está rodeada por pocos familiares, y mientras su mamá le canta como cuando era pequeño diciéndole: "Descansa, hijo, descansa"; tengo el privilegio de escuchar sus últimas palabras. ¡Cómo quisiera que Dios hiciera un milagro, rompiendo el silencio! ¡Cómo quisiera que Él pusiera por tierra la fuerza de ese cáncer que se estaba llevando sin pedir permiso a un joven de apenas veintitrés años!

Las lágrimas fluyen por nuestros rostros, el silencio circula la pequeña habitación; solo la mamá le canta y con un último suspiro nos deja. Nos abrazamos con la tremenda tristeza de su partida. Veo como su papá trata de contener su dolor. Él no puede caerse porque todos se pueden afectar. Me pregunto: "Dios, ¿Qué pasará ahora?, ¿Cómo superarán este dolor?". Me siento tan impotente.

A los pocos días su familia volvió a la congregación y una fortaleza inexplicable los rodeaba. El padre de esta familia levantó sus manos y adoró a Dios. Su situación no cambiará. Su hijo no volverá a este mundo, pero él se sentó a la mesa del Rey, sin respuestas, con muchas preguntas, sabiendo que su único hijo varón no estará a su lado en esta vida, pero adoró a Dios. Sin aparentes triunfos, sin grandes milagros para contar, pero con una profunda paz. Cuando ese varón levantó su cántico a Dios aquella mañana: el cielo aplaudió.

LA LECCIÓN DE MEFIBOSET

Cuando yo tenía diecinueve años de edad, un maestro del Instituto Bíblico donde estudiaba dio una enseñanza acerca de Mefiboset, la cual se encuentra en el libro de 2 Samuel 4:4, 2 y 2 Samuel 9:1-13. Jamás olvidé aquella historia pintada con palabras que me impulsaron a meditar en los verdaderos valores espirituales.

Mefiboset fue un individuo al cual la vida lo castigó en forma permanente. Fue un niño lisiado de sus pies desde los cinco años de edad. El día que su papá Jonatán muere junto a su abuelo Saúl, la criada que lo cuidaba, alzándole en brazos, corrió tratando de salvarle la vida y tropezó mientras cargaba al pequeño. Este incidente dejó cojo a la criatura por el resto de la vida.

Definitivamente, aquella tarde que cobró la vida de dos guerreros, también alcanzó con su maldición al pequeño Mefiboset. Cuando David es proclamado rey, recordó la promesa que le hizo a su amigo Jonatán: que haría misericordia a su casa cuando tomara el reino de Israel. La historia cuenta que llevaron a Mefiboset frente a David; probablemente temiendo por su vida ya que era parte de una familia que había perseguido a David para que este no reinase. La sorpresa fue que escucharía al rey hacerle una invitación de honor para comer a su mesa por el resto de su vida. "Tú comerás siempre a mi mesa". Lo más impactante de su vida fue que el rey David, en otra ocasión, le quiso restituir todos sus bienes, sus tierras y la herencia que le fueron quitadas por circunstancias contrarias (vea 2 Samuel 19:24-30). Mefiboset rechaza la oferta del rey, ya que la previa invitación personal era mucho más importante que el bienestar económico. Por la condición que sufría Mefiboset, el haber aceptado la restitución de sus bienes sería como lograr un retiro asegurado para su vejez. Sin embargo, él preferiría sentarse a la mesa del rey que hacer de lo material su foco principal.

Su elección contiene un mensaje eterno que muchas veces me sacude del letargo del sensacionalismo, de la búsqueda insipiente de las recompensas o posesiones materiales y lo que estas puedan ofrecer. ¿Quién no hubiera aprovechado de aquel patrimonio? Este hombre regaló todas sus posibilidades por el privilegio de sentarse a la mesa del Rey. Estar en la presencia del Rey era lo más importante para él.

Mefiboset debería haber sido un individuo con un futuro sombrío y solitario, sin padre, sin abuelo y cargando con una condición física irreversible, pero encontró una brújula para el resto de su vida. Mefiboset se aferró a su "aguja magnética" y no la cambió por ninguna oferta tentadora.

UNA ELECCIÓN DIFÍCIL

El 30 de diciembre de 1988, en la ciudad de México, a las 12 del mediodía el sol no se dejó ver. Era un día frío, pero en la habitación donde una mamá daba a luz a su segundo hijo se irradió de calor que producía la alegría del arribo del nuevo bebé. Los próximos meses estaban rodeados de felicidad mientras el pequeño crecía junto a sus papás y su hermano mayor. En su quinto mes de vida el niño padeció el problema de muchos bebés, la ictericia que se produce por la falta de eliminar la bilirrubina, lo cual hace que la piel se ponga amarillenta. Por supuesto, no era nada para alarmarse, con una simple visita al médico y el tratamiento de rigor, todo quedaría solucionado. Después de dos días en el hospital, el infante regresó a casa para luego ser sometido a un chequeo final en siete días. En aquel séptimo día todo cambió.

Un doctor al cual le tocó en turno atender al pequeño, aparentemente quiso profundizar innecesariamente algunos estudios. Cuando su madre le dijo que este era sólo un estudio de rutina, el médico altanero le contestó: "¡Usted no me va a enseñar a mí!". Luego le pidió que esperara fuera de la sala. Su papá y su mamá sentían que los minutos se hacían horas cuando de pronto se escuchó el llanto del niño, por lo cual ellos irrumpieron en la sala para encontrar a su pequeño hijo en cama, flácido con un parche en la espalda; y su mirada fija y borrosa. El doctor en tono despótico les informó que le tuvieron que hacer un estudio llamado *punción lumbar*. "¿Por qué?" "Sólo era un chequeo." El doctor desapareció de la escena dejando a los padres con mil preguntas sin contestar.

De allí en adelante la vida de la pareja cambiaría radicalmente. Su precioso hijo tendría complicaciones posteriores abrumantes: fiebres altas, dolores de cabeza, rigidez, vomito, fatiga, cortes respiratorias, pérdida de consciencia, parálisis intestinal. Luego comenzó a perder la vista y la audición. Siempre recuerdo al pequeño en su silla de niños sin moverse, sin poder hablar o defenderse por sí mismo. Cuando llegaba a las reuniones de la iglesia, él me saludaba con murmullos, pero no podía verbalizar sus palabras, ni sus sentimientos. Finalmente un doctor descubrió el problema; la razón que la criatura estaba en ese estado se debía a que se contagió de una enfermedad llamada meningitis bacteriana y que ocurre cuando hay una infección transmitida por falta de asepsia. Aquel día que le practicaron ese estudio nunca autorizado por sus padres; aquel doctor altanero truncó la pequeña vida para siempre. Aquella punción lumbar fue el agente demoledor. Su padre tuvo los medios para llevar a juicio al doctor, pero prefirió dejar en manos de Dios la justicia para ese individuo.

El papá nunca dejó de esperar un milagro; no dejó de servir en la iglesia y aprendió a llevar su dolor a Dios. Las cosas se complicaron más y más para el niño y con el tiempo tuvieron que operarlo de su esófago y también de sus ojos, haciéndose más traumática la existencia del pequeño. ¡Cuantas oraciones, cuantos ruegos, cuantas palabras de esperanza se omitieron por aquel chiquito!

El 14 de febrero del año 2000, a las seis de la tarde, cuando caía el sol, mientras sus padres se lo entregaban a Dios, su corazoncito dejó de palpitar. Otra vez yo sentía la impotencia y volvían las preguntas sin respuestas. ¡Otra vez el silencio! Tuve el privilegio de estar en aquel velorio. Su papá me recibió ese día con una profunda paz en su rostro. A pesar del dolor inconsolable de perder a su hijo, al igual que Mefiboset, eligió la mesa del Rey. Este enigma quizás viaje con él por el resto de su vida, pero este hombre sigue trabajando para Dios, su amor por Dios no se apagó. Siempre lo miraba en el primer banco de la iglesia con sus ojos cerrados, adorando y a veces danzando, me imagino que desde el cielo vino el aliento que decía: "¡Dale, Papá, que vamos ganando!" (esto fue escrito en enero del 2009).

PRIMOGÉNITO

Siempre se sienta en su silla de ruedas a dos filas detrás de mí en las reuniones de nuestra iglesia. Pasa todo el tiempo de la reunión mirando a su alrededor, a veces con la mirada perdida; otras tratando de comunicarse con un "hola". Creo que la seguridad que le transmite su papá, que siempre le sostiene la mano mientras cantan juntos a Dios, es fundamental para él.

Este es el primogénito y como todo padre, soñó con él desde antes de nacer. Se veía jugando a la pelota, corriendo, compartiendo jugos y paletas, mirando los partidos por la televisión, alentándolo en la escuela, sacando pecho en el día de la graduación, visitando su familia y jugando con sus nietos. Sin embargo, este niño nunca podrá hacer nada de esto. Nació a las veintiocho semanas de embarazo por una cesárea de emergencia. Pesó una libra y quince onzas (medio kilo). Le aplicaron oxígeno de inmediato para revivirlo porque no respiraba por sí mismo. Después de cuatro días los médicos pensaron que él podría respirar por su propia voluntad, pero al pasar una hora, sus pulmones se llenaron de sangre y colapsaron por la falta de oxígeno. Después de diez semanas en el hospital, el pequeñito tendría el diagnóstico final: *cuadriplejía espática* que es ocasionada por áreas de células muertas en el cerebro. Al año de edad, comenzó a sufrir convulsiones, lo que determinó un segundo diagnóstico de *epilepsia*.

Sus papás, oraron incansablemente por un milagro; lo

creyeron, lo esperaron, vieron otros niños y adultos sanarse, pero su hijo siguió igual. Las esperanzas se perdieron muchas veces, las ganas de luchar, otras tantas. ¡Cuantas preguntas! Yo siento otra vez la impotencia al no poder ayudarlos. Oré muchas veces por el nene, otros se sanaron, ¿Por qué él no? Creo que hay algunas preguntas que tienen su respuesta reservada para la eternidad. Cuando todo termine aquí y estemos en la presencia de Dios se entenderán ciertas cosas.

Mientras tanto, el papá sigue en la escuela de Dios, cada día, cada reunión, cada domingo; él tiene el privilegio de sentarse a la mesa del Rey. Sin contestaciones, sin milagros, sin testimonios, apretando los dientes en la vida y empujando fuera lo negativo con una actitud positiva de venir a la presencia de Dios. En muchas reuniones él toma la mano de su hijito para darle confianza, mientras levanta su otro brazo tocando a Dios en adoración. Allí es el único lugar donde padre e hijo pueden sentirse ganadores.

"Existe un lugar junto al corazón de Dios donde el dolor se convierte en adoración".

Posiblemente muchos se identifican con estas historias; por lo menos algunas circunstancias podrían hacer trazar paralelos con los casos mencionados. Todos, en alguno u otro momento de nuestra peregrinación por esta vida nos sentimos en el rincón perdedor. No se trata tanto de si las cosas van a cambiar o no, más bien el enfoque debe ser: Si *yo* voy a cambiar o no. La actitud con que atravesamos nuestros valles puede ser lamentándonos o sentados a la mesa del Rey.

La invitación está abierta, la mesa está puesta, el Rey está a la espera por todos los "Mefibosets" del mundo. Existe un lugar junto al corazón de Dios donde el dolor se convierte en adoración.

PALABRAS FINALES

QUISIERA CONTARLE ALGO más de lo que pasó con la brújula de Adán. Después que el Carpintero de Galilea la recuperó, hizo muchísimas reproducciones y por más de 2,000 años las va entregando a los varones que quieren saber a donde van. Estoy convencido que todo varón debe tener ese compás, pero solo el que lo pide lo obtiene.

El mundo actual necesita recuperar a los varones verdaderos, aquellos que están formados con la intención de Dios. No se trata de hombres nada más y menos de machos. Se trata de representantes de la creación de Dios que quieren conducir la nave al modo del Creador, que no quieren confiar en su propia opinión, que están cansados de dar al puerto equivocado, y que están perdidos en altamar. Para todos esos varones hay una brújula reservada con su nombre.

Creo firmemente que si recuperamos al varón, líder del hogar, tenemos la oportunidad de sacar a la familia del dolor, el fracaso y la vergüenza. Más aún, pienso que si el varón logra sanar la familia y conducirla con relevancia, no faltarán otros capitanes que preguntarán por la brújula. Si muchos conductores dirigen con destino, afectaremos a las comunidades, entonces las comunidades afectarán a ciudades y las ciudades a naciones.

Allí es cuando el Hombre de Galilea, el dueño del compás original, se sonreirá desde el horizonte, porque su Padre le prometió que le daría las naciones por herencia.

Les confieso que cuando escribí este libro no lo hice desde la plataforma, ni tampoco teológicamente, más bien me fui a la mesa de café. Pensé en ustedes, mis lectores, y recordando mis naufragios, traté de identificarme con las tormentas de la sociedad moderna. Deseo ver un cambio en un mundo agonizante que reporta un promedio alarmante de divorcios y que agrega que hay más parejas viviendo en unión libre que hace diez años atrás. La familia núcleo está lastimada porque gran cantidad de los niños que han sido abusados en los hogares tienen como agresor al propio padre, al varón que queremos que tenga la brújula.

Escucho a gente gritar entre las olas del turbulento mar de la sociedad actual; claman por rescatistas, por varones que saben nadar, que pueden manejar la barca y que saben llega al puerto. Anhelo ver personas que quieran adquirir una rosa de los vientos. Veo tantos individuos que no encuentran su norte espiritual y no se dan cuenta que está a su alcance la solución de una brújula.

¡Levanta la vista! Empieza a surcar los mares. Si recuperas la brújula, a puerto seguro llegarás.

PARA CONTACTAR AL AUTOR

Para contactar al Dr. Eduardo Elmasian

Escriba a:
P.O. Box 1356
Chula Vista, CA 91912
USA

En Facebook:
La brújula de Adán

Correo electrónico:
labrujuladeadan@gmail.com